Die lyrischen Sonette der
Catharina Regina von Greiffenberg

Berner Beiträge zur Barockgermanistik

Herausgegeben von Blake Lee Spahr

Band 4

PETER LANG

Bern und Frankfurt am Main

Elisabeth Bartsch Siekhaus

Die lyrischen Sonette der CATHARINA REGINA VON GREIFFENBERG

PETER LANG

Bern und Frankfurt am Main

CIP-Kurztitelaufnahme der Deutschen Bibliothek

Siekhaus, Elisabeth Bartsch:
Die lyrischen Sonette der Catharina Regina von
Greiffenberg / Elisabeth Bartsch Siekhaus. —
(Berner Beiträge zur Barockgermanistik; Bd.4)
Auch als: Europäische Hochschulschriften: Reihe
1, Dt. Sprache u. Literatur; Bd.620
ISBN 3-261-03255-3

NE: GT

ISSN 0171-6727
ISBN 3-261-03255-3

© Verlag Peter Lang AG, Bern 1983
Nachfolger des Verlages
der Herbert Lang & Cie AG, Bern

Druck: Lang Druck AG, Liebefeld/Bern

Für Wigbert, Daria und Adele.

DANK

Blake Lee Spahr für ursprüngliche Anregung, fortgesetzte Ermutigung und Hilfe in allen Phasen dieser Arbeit.

Hinrich C. Seeba für stimulierende und fruchtbare Gespräche.

Stephanie McCoy und Jennifer Harmon für Enthusiasmus und intelligente Teilnahme an meinen Interessen.

Vicki O'Day, Daria Siekhaus, John Underwood, Janet Cahn und Beate Lewis für grosszügige Hilfe beim Technischen.

Mills College für einen Faculty Grant.

Der Bibliothek der Universität von Californien für ihre Kopie der Sonnette von 1662.

Vor allem Wigbert Siekhaus für stete Geduld.

Das Manuskript wurde im Rechenzentrum von Mills College gesetzt; barock anmutende Worttrennungen sind auf den englisch programmierten Computer zurückzuführen.

INHALT

I

Einleitung

Catharina Regina von Greiffenberg, adlige Österreicherin, Protes-
tantin, Verfasserin der Geistlichen Sonnette, Lieder und Gedichte und
anderer religiöser Dichtungen, lebte von 1633 bis 1694 teils in
Niederösterreich, teils in Nürnberg. Jahrhundertelang fast vergessen
und unbeachtet, ist ihr in den letzten Jahrzehnten verdiente Aufmerksamkeit zugekommen.

Seit Horst-Joachim Franks Forschungsarbeit[1] ist manches bekannt
über ihre Herkunft und Erziehung, ihre Heirat und den Tod ihres
Mannes, der gleichzeitig ihr Onkel und Erzieher war; wir kennen den
literarischen Raum, in dem sie sich bewegte, und ihren persönlichen
Freundeskreis. Wir sind auch vertraut mit ihren konfessionellen
Bedrängnissen in der österreichischen Diaspora, sogar mit ihren Ver-
suchen, den Kaiser zum Protestantismus zu bekehren. Auch ihre ökonom-
ischen Schwierigkeiten und ihre Übersiedlung nach Nürnberg sind
dokumentiert.

Selbst ohne vorschnelle und unangebrachte Rückschlüsse von der
Dichtung auf die Biographie zu ziehen, steht der Leser bereits nach
der Lektüre der Sonnette zwingend unter dem Eindruck, dass kein
glückliches Leben der Nährboden dieses Werkes gewesen sein kann: "Über
mein unaufhörliches Unglück" (Sonett 51), "Auf mein langwüriges
Unglück" (Sonett 89), "Auf meinen bestürmten Lebens=Lauff" (Sonett
58), "In äusserster Widerwärtigkeit" (Sonett 62), "Über meine
vielfältige Wider=Wärtigkeiten" (Sonett 215). Direkte Einflüsse ihres
Lebens auf ihre Dichtung können, wie später ausführlich besprochen,

---

[1] Catharina Regina von Greiffenberg. Leben und Welt der barocken
Dichterin. (Göttingen, 1967), und ders., "Catharina Regina von Greif-
fenberg. Untersuchungen zu ihrer Persönlichkeit und Sonettdichtung".
(Diss. Hamburg, 1958).

grundsätzlich nicht angenommen und rekonstruiert werden; aber das psychologische Klima, in dem die Dichterin sich bewegte, ist aufzuzeichnen: Sie litt darunter, dass sie wegen ihrer Wohnlage im katholischen Österreich nur selten zum Gottesdienst gehen konnte. Die Eheschliessung mit ihrem fast sechzigjährigen Onkel war nicht unproblematisch; erst nach langem Widerstand heiratete sie und ergab sich erst darein, "diese Liebe vor eine Göttliche Schickung achtend,"[2] als in ihm wegen ihrer Weigerung "gefährliche Leibs- und Gemüts-Krankheiten zu würken begonnen".[3] Ihre Hausfrauen- und Gastgeberinnenpflichten waren ihr hinderlich: in vier Wochen habe sie "vast nie Zum lesen, geschweige Zum schreiben kommen können... Es ist doch auch Ein Elend, Wann Mann schier nie, Seiner Mächtig ist, und jmmer thun muss, Was Einem hindert."[4] Ihr Mann wurde später wegen einer Inzest-Anklage verhaftet und erlangte nur durch Fürsprache einflussreicher Freunde endlich wieder seine Freiheit. Nach dem Tod ihres Gatten brachte ein habgieriger und intriganter Nachbar sie um den grössten Teil ihres Besitzes. Von ihrem 47. Lebensjahr an, nach ihrer endgültigen Übersiedlung nach Nürnberg, ersehnte sie nur noch Stille und Einsamkeit für den Rest ihres Lebens. Diese letzten vierzehn Jahre waren vielleicht die glücklichsten im Leben Catharinas. Ihr letztes Werk aus dieser Zeit ist ein Andachtsbuch, über 2000 Seiten stark.

Als 1662 die Sonnette veröffentlicht wurden -ob mit oder ohne Wissen der Dichterin, ob von ihr in der Reihenfolge arrangiert oder nicht, ist für unsere Untersuchung ohne Bedeutung-,[5] hatte Catharina ihren Vater und ihre jüngere Schwester verloren. Als Achtzehnjährige hatte ein intensives religiöses Erlebnis sie getroffen, nach dem sie ihr weiteres Dasein in den Dienst der "Deoglori", d.h. der

---

[2] Birken, zit. in Frank, Leben und Welt , S. 43.
[3] Birken, zit. ibid., S.42.
[4] Catharina an Birken 28.2.1670, zit. ibid., S.63.
[5] s. dazu Flora G. Kimmich, Sonnets of Catharina von Greiffenberg. Methods of Composition (Chapel Hill, 1975), S.11 ff.

Verherrlichung und Ausbreitung des Namens Gottes, stellte.[6] Die Werbungen ihres Onkels waren seit 1659 auch Aussenstehenden bekannt geworden: Ihr Oheim Hans Rudolph "ist sterblich in sie verliebt, darf sie aber wegen naher Sippschaft nicht ehelichen, u. hindert auch anderwärtige heurathen."[7] Sie war bereits als Dichterin hervorgetreten und beachtet worden, und etwa 1661 hatten die "Isterschäfer" sie unter dem Namen "Ister-Clio" als "genossin" aufgenommen. Durch ihren Nachbarn, Freund und Gönner Stubenberg war auch eine Verbindung zum Nürnberger "Pegnesischen Blumenorden" hergestellt und das Interesse seines Oberhaupts Birken an ihrer Dichtung geweckt worden.

Der kulturelle Nährboden, aus dem Catharinas Sonnette erwuchsen, ist ebenfalls von Frank rekonstruiert worden.[8] Sie hatte Latein, Französisch, Italienisch und Spanisch gelernt, Cicero, Seneca, Ovid und Erasmus gelesen, auch die Werke Petrarcas, Tassos, Ronsards und vieler anderer Dichter, die zu ihrer Zeit Popularität genossen. Sie war vertraut mit der besonderen Art der zeitgenössischen Nürnberger, die vor allem die geistliche Dichtung als höchste Aufgabe der Poesie pflegten.[9] Sie beherrschte die alte und neue Geschichte, die Grundlagen der Rechts- und Staatswissenschaften und der "irdischen Wissenschaften", kannte Werke über Kabbalistik, Zahlenmystik, Astrologie und Alchemie, war auch durch ihrer Mutter Unterweisung "eine Künstlerin in Weiberarbeiten" und genoss Fischen, Reiten und Jagen.[10] Durch Reisen nach Wien hatte sie wahrscheinlich an der Theater- und Festkultur dort teilgenommen. Vor allem aber kannte Catharina die Bibel und die Glaubenssätze ihrer Religion.

Es sollte hier keine Einführung in das Leben der Catharina von

---

[6] Frank, Leben und Welt , S.20.
[7] Stubenberg an Birken 13.11.1659, zit. in Frank, ibid., S.38.
[8] Frank, S.17.
[9] Frank, S. 25.
[10] S.18.

Greiffenberg gegeben werden; der biographische und der kulturelle Zusammenhang wurden nur als Orientierungshilfe nachgezeichnet. Auch eine Einordnung dieser Dichtung nach spezifischen rhetorischen Einflüssen und individuellen Stilmitteln, sowie eine Erfassung des theologischen Gehalts, der in unserer Sicht -wie später ausgeführt- oft nur die Sprachoberfläche ausmacht, werden in der vorliegenden Untersuchung nicht beabsichtigt, -einerseits, weil die Arbeit anderer Kritiker nicht wiederholt oder ergänzt werden soll,[11] andererseits, weil unsere Fragestellung primär zu dem Was der Greiffenbergschen Dichtung und nur zum Zweck der Erhellung dieses Was über das Wie führt.

Der dichterische Gehalt steht hier zur Diskussion. Unsere Arbeit erfasst die "geistliche" Dichtung der Catharina von Greiffenberg, spezifisch: eine Anzahl der Sonnette von 1662, von einer Gattungsanalyse her als Gefäss lyrischer Aussagen (ein im Folgenden noch genauer zu definierender Begriff) und sucht, in einzelnen repräsentativen Sonetten diese Aussagen zu differenzieren. Solche Zielsetzung fordert notwendig vor allem ausführliche Textanalysen. Die bisherige Forschung hat sich wenig darum bemüht zu erkunden, was in dieser Dichtung ausgesagt wird.[12]

Zu unserem Zweck wurde aus den 250 Sonetten eine Auswahl getroffen; die vorliegende Untersuchung befasst sich ausführlich mit zehn Sonetten und weniger intensiv mit einer Anzahl weiterer. Es soll hier nicht der Eindruck erweckt werden, dass wir die Gesamtheit der Sonnette als "lyrische" Dichtung sehen. Aber wir hoffen nachzuweisen, dass Catharina von Greiffenberg eine signifikante Anzahl von Sonetten gedichtet hat, die weit mehr als nur religiöse Aussagen enthalten.

---

[11] s. Kapitel II

[12] Eine Ausnahme stellt die ausgezeichnete Arbeit von Malve Kristen Slocum, "Untersuchungen zu Lob und Spiel in den Sonetten der Catharina Regina von Greiffenberg", (Diss. Cornell, 1971),dar.

Wie die Kapitel-Überschriften des Interpretationsteils reflektieren, die aus Sonett-Titeln gewählt sind, wurde die Analyse der
Sonette nach Themengruppen strukturiert.

Geistliche
Sonnette / Lieder und
Gedichte /
zu
Gottseeligem Zeitvertreib /
erfunden und gesetzet
durch
Fräulein Catharina Regina /
Fräulein von Greiffenberg / geb.
Freyherrin von Seyßenegg:
Nunmehr
Ihr zu Ehren und Gedächtniß /
zwar ohne ihr Wissen / zum
Druck gefördert /
durch
ihren Vettern
Hanns Rudolf von Greiffenberg /
Freyherrn zu Seyßenegg.

Nürnberg /
In Verlegung Michael Endters,
Gedruckt zu Bayreuth bey Johann Gebhard.
Im M. DC. LXII. Jahr.

II

Eine Gattungsbestimmung

Vor jeglicher Analyse ist es wichtig, Grundsätzliches über die Lyrik des siebzehnten Jahrhunderts festzustellen. Denn nur in solchem zeitgenössischen Zusammenhang lässt sich die Dichtung Catharinas in ihrer Besonderheit bestimmen. Ist in dieser Epoche die Frage nach einem aussagenden Individuum überhaupt berechtigt oder muss man vor allem die gesellschaftlichen sowohl wie traditionellen Bindungen sehen? Würde man der Eigenart der Greiffenbergschen Sonette gerechter über eine Bestimmung der von ihnen erfüllten Gattung- handelt es sich hier um Lyrik, Gebrauchsdichtung, Schlüsseldichtung?

Zur Klärung der Begriffe "Lyrik" und "Gebrauchsdichtung" erweisen sich K. Hamburgers Theorien als ausserordentlich hilfreich.[13] Laut Hamburger gelten für geistliche Gedichte grundsätzlich dieselben Feststellungen wie für die Lyrik allgemein, dass nämlich "die lyrische Aussage keine Funktion in einem Objekt- oder Wirklichkeitszusammenhang haben will."[14] Solange geistliche Dichtung sich das religiöse Erlebnisfeld eines Ich zum Gegenstand setzt um dessen Gestaltung willen, ist sie keine Sondergattung. Sobald aber die religiöse Aussage eines pragmatischen Zieles halber gemacht wird, d.h. sobald sie eine Funktion im christlichen Gemeindeleben übernehmen soll, richtet sich das Interesse des Aussagenden sowohl wie des Empfängers auf den von ausserhalb der Dichtung bestimmten Inhalt; der Dichter wirkt in solchem Fall ausschliesslich als Instrument, sein Erlebnisfeld geht in solche Dichtung nicht als künstlerisches Bauelement ein, und die Dichtung ist keine Lyrik. Mit anderen Worten: In gereimten Gebeten (und Predigten) ist das Aussagesubjekt nicht ein lyrisches Subjekt, da

---

[13] Käte Hamburger, Die Logik der Dichtung. (Stuttgart, 1968), S.187 ff.
[14] S.213.

seine Aussage zu einem Gebrauch bestimmt ist, d.h. eine Gemeinde oder ein Einzelempfänger sich mit der Aussage identifizieren sollen. [15] Die Intention des Dichters ist hier das Entscheidende, nicht der schliessliche Gebrauch. [16] Denn es ist offensichtlich, dass mancher Empfänger sich mit Aussagen identifiziert, ohne dass das dem lyrischen Charakter der Dichtung abträglich wird; besonders für geistliche Lyrik bietet sich die Verwendungsmöglichkeit des Gemeindegesangs an. Aber ein derart "benutztes" Gedicht behält den lyrischen Charakter, der durch den Dichter bestimmt ist. [17]

Für den Interpreten ergeben sich danach diese entscheidenden Fragen: Hat der Dichter selbst sein Kunstwerk in diesen Kontext gestellt; hat er das Ich der Dichtung für das kollektive Gemeinde-Ich gesetzt und es nicht als lyrisches Ich gemeint? Ist sein Werk ein frommes lyrisches Gedicht oder ist es ein Gebet in Gedichtform? Da es sich in der religiösen Sphäre um vom Erleben gefärbte Aussagen handelt, sind diese Fragen oft besonders schwer zu entscheiden. Das praktische Ich ist ein Werkzeug, es besitzt kein Eigenleben innerhalb des Gedichts; eine Untersuchung müsste sich auf seine Mitteilungen

---

[15] S.193.

[16] K. Hamburger zu religiöser Gebrauchsdichtung: "Wenn wir jedoch nun feststellen, dass Psalmen und Kirchenlieder, dass das Gebet, das im Gottesdienst in diese (lyrische) Form gekleidet ist, dennoch nicht in den Bereich der Lyrik als Gattung gehört (und auch nicht dazu gerechnet zu werden pflegt), so hat das seinen Grund nicht in dem Inhalt der Psalmen und Lieder, sondern beruht auf dem Aussagesubjekt, das hier erscheint. Es ist ein pragmatisches Aussagesubjekt und als solches objektiv ausgerichtet.." S.192.

[17] K. Hamburger zum lyrischen geistlichen Gedicht: "(Der Empfänger) erlebt seinen religiösen Gehalt... als das religiöse Gefühl des dieses Gefühl aussagenden Ich, als Erlebnis dieses Ichs. Und als was für ein Ich erlebt er es? Eben als das lyrische Ich dieses lyrischen religiösen Gedichtes, als das Ich, das seiner Frömmigkeit diesen und keinen anderen Ausdruck, diese und keine andere Form gegeben... Indem (der Dichter) das Gedicht... nicht bloss zum Zwecke eines gottesdienstlichen Gebrauches machte, gibt er an, dass es keinen praktischen Zweck hat... Das fromme Gedicht hat keine Funktion in einem Wirklichkeitszusammenhang, sondern ist nichts als der künstlerische Ausdruck einer frommen Seele." S.193.

beziehen statt auf seine Eigenart (z.B. auf den Grad der Orthodoxie seiner Aussagen).

Hankamer schreibt über das protestantische Kirchenlied, das hier als stellvertretendes Beispiel für kirchliche Gebrauchsdichtung gelten mag: "Die Grenzen, die sein kultischer Sinn ihm zog, wurden aber im siebzehnten Jahrhundert durch die Gefühlserregung immer wieder gefährdet... Die religiösen Vorgänge nehmen immer einen intimpersönlichen Charakter an und ein ganz persönliches Erlösungsbedürfnis beginnt sich auszusprechen: die religiöse Persönlichkeit tritt aus der Gemeinschaft heraus..."[18] An anderer Stelle schreibt er: "Im geistlichen Gebrauchslied tritt das vom religiösen Gemeinschaftsleben fast abgespaltete Individuum auf, um seine Zustände und Strebungen zu offenbaren, die nicht mehr einfach in den Gottesdienst einer Gemeinde passen."[19] Und über Angelus Silesius: "Weil hier das Seelische frei sich ausspielt, kommt es...-aber nur in zeitgemässen Gebilden- formend zur Wirkung. Etwas wie ein Erlebniselement gewinnt...im Rahmen andersartiger Form gestaltende Kraft... Natürlich all dies in den Grenzen rhetorisch-intellektuellen Zeitstils."[20] Hankamer sieht demnach in der geistlichen Lyrik des siebzehnten Jahrhunderts die wachsende Tendenz, dass das Dichter-Ich seine persönlichen Zustände ausspricht und sich weniger und weniger als das stellvertretende Glied einer Gemeinde oder Gemeinschaft sieht.

Derselben Meinung ist Closs, der am Beispiel von Gryphius und Paul Gerhard die Verbindung von "subjektiven" Emotionen mit der "objektiven" Kirchenhymne erwähnt und diese Tendenz, subjektive

---

[18] Paul Hankamer, Deutsche Gegenreformation und deutsches Barock (Stuttgart, 1964), S. 121/122.
[19] S. 255.
[20] S. 264.

14

Elemente einzubeziehen, eine "Auflockerung" der Kirchenhymne nennt.[21]

Cysarz in seinen allgemeineren Bemerkungen über Barocklyrik weist auf ein Beieinander von religiösem und künstlerisch bestimmtem Gehalt hin: "Dichtung und Religion haben ein gemeinsames Feld; sie überlagern einander, sie verschwimmen nicht. (Barockdichtung) ist eben ästhetisch und religiös, allein in dieser Doppelheit erstellt sie das Gleichgewicht eines Menschentums...",[22] wobei aber nicht klar wird, ob er das "gemeinsame Feld" in ein und demselben Kunstwerk oder in der Lyrik des siebzehnten Jahrhunderts als Gesamtbild sieht. Dazu sei noch einmal Closs zitiert, der den Einfluss des Hohen Liedes auf die nicht-religiöse Lyrik dieses Jahrhunderts als Neuheit hervorhebt: "An influence of the Song of Songs on the profane German lyric can only be traced back as far as the seventeenth century... a far-reaching interrelationship between the sacred and the profane lyric is not noticable before Opitz or at any rate only shortly before him."[23]

Aus diesen Zitaten erhellt sich als das spezifische Charakteristikum der Lyrik dieser Epoche, dass in ihr verschiedene Elemente miteinander existieren. Man kann diese Elemente mit K. Hamburger einerseits als lyrisch, andererseits als pragmatisch-objektbezogen bezeichnen, wobei der Terminus "lyrisch" Hankamers "ganz persönlichem Aussprechen und Offenbaren" und Cysarz' "Aesthetischem" sowohl wie Closs' "subjective" entspricht, und der Terminus "pragmatisch-objektbezogen" Hankamers "kultischem Sinn" zugeordnet werden kann sowohl wie Cysarz' allgemeinerem Ausdruck "religiös" und Closs' "objective".[24]

---

[21] A. Closs, The Genius of the German Lyric (London, 1938), S.182.

[22] Herbert Cysarz, Deutsches Barock in der Lyrik (Leipzig, 1936), S.128.

[23] A. Closs, op. cit., S. 178/79.

[24] Siehe dazu auch H.B. Segel: "Very closely related to the religious poetry of the Baroque... was the poetry, by Catholics and Protestants alike...of meditation, or reflection... The meditative poets

Sowohl Hankamer wie Closs betonen, dass dieses - hier mit "ly-risch" bezeichnete - Element in der Dichtung im siebzehnten Jahrhundert neu ist und erst allmählich sich Raum macht; Hankamer sieht in der Lyrik den Ablauf einer Entwicklung, die im siebzehnten Jahrhundert beginnt. Diese Feststellung wird nicht nur von dem Lyrikhistoriker Closs bestätigt, der das Datum 1624 (Erscheinungsjahr von Opitz' Poe-tik) als Beginn der deutschen Lyrik diskutiert,[25] sondern auch von Forschern, die von anderen Voraussetzungen und Beobachtungen her dieselbe Tendenz in der Lyrik hervorheben, ohne dass sie den Beginn dieser Entwicklung der umfassend "Lyrik" genannten Gattung so spezi-fisch zeitlich festlegen. Kommerell schreibt, dass "früher" (sei es zur Zeit der griechischen oder der mittelalterlichen Dichtung) "die Gelegenheit ... mehr erwogen wurde als das Dichten und der Dichter" und dass die Gelegenheit nicht von der Kunst bestimmt war, sondern von der Gesellschaft: "... das, was wir den Dichter nennen - er an und für sich, wie er vor sich selber ist, nie gewesen und nie wiederkehrend- war nur in den stärksten Fällen durchzuhören."[26] Im Laufe der Entwicklung der Lyrik schwanden die feste Anwendung und das lebendige Zeremoniell sowohl wie die Vorstellungen und Erwartungen eines bestimmten Kreises, und das lyrische Gedicht bekam einen "Zuwachs", der uns heute "das Wesen der Lyrik auszumachen scheint": "In dieser schöpferischen Verlegenheit lernte das Lied sich selbst bestimmen, und gehorchte fortan nur noch der unwiederholbaren Schwingung der Seele, die es enthielt."[27]

K. Hamburger sieht die Entwicklung der Lyrik zur Moderne hin so:

---

sought not the celebration of Christian divinities and doctrines,

or the poetization of biblical passages, but the personal, individual, distinctly lyrical expression of their reflection upon the theme of man in God's world." Harold B. Segel, The Baroque Poem (New York, 1974), S.93/94.

[25] A. Closs, op. cit., S.134.

[26] Max Kommerell, Gedanken über Gedichte (Frankfurt, 1943), S.9/10.

16

"Dabei kann es... als ein allgemeines Kriterium der Weltlyrik gelten, dass in moderner Lyrik der Objektbezug verborgener ist als in der Lyrik früherer Epochen."[28] Hieraus lässt sich analog schliessen, dass, da in der Dichtung früherer Epochen der Objektzusammenhang einmal im Vordergrund gestanden hat, der allmählich mehr und mehr hinzutretende Subjektbezug diese Gattung wesentlich veränderte. Ferner lässt sich folgern, dass in einer Phase der Entwicklung der Poesie eine Gattung existierte, die nicht eindeutig festzulegen ist, weil es debattierbar bleibt, ob bereits der Subjektbezug oder noch der Objektbezug in dieser Dichtung vorherrscht. Objektbezug und Subjektbezug existieren zu diesem konstruierbaren Zeitpunkt <u>nebeneinander</u> und machen den spezifischen, einmaligen Charakter der Lyrik dieser Epoche aus.

Sowohl für die geistliche als auch für die weltliche Dichtung ist das untrennbare Nebeneinander von Subjektbezug und Objektbezug im siebzehnten Jahrhundert ein bestimmendes Merkmal. Die Poesie dieses Jahrhunderts zeigt sich als ein komplexes Gebilde, das erstmalig in der Entwicklungslinie der deutschen Dichtung Material für eine Untersuchung seines subjektiven Aussagegehalts als wesentliches Bauelement enthält, wobei aber dieses Material zusammen, nebeneinander und verquickt mit anderen Gehaltselementen erscheint. Van Ingen schreibt: "Eine Unterscheidung zwischen sogenannter Gelegenheitsdichtung und sogenannter Erlebnisdichtung aufgrund des Fehlens bzw. Vorhandenseins der inneren Beteiligung des Dichters ist für das 17. Jahrhunderts ein sinnloses Unternehmen."[29] Diese besondere, durch innere Entwicklungsgesetze bedingte strukturelle Komplexität wird durch die spezifische sprachliche Traditionsbindung der Epoche unterstrichen, die von Günther Müller in der Formel vom "rhetorischen Grundzug" der

---

[28] K. Hamburger, op. cit., S.213.
[29] F. Van Ingen, <u>Vanitas</u> <u>und</u> <u>Memento</u> <u>mori</u> <u>in</u> <u>der</u> <u>deutschen</u> <u>Barock-</u><u>lyrik</u> (Groningen, 1966), S.49.

Barockepoche zusammengefasst wurde[30] und die W. Barner[31] und vor ihm F. Sengle[32] und Günther Müller[33] als Veranlassung nehmen vorzuschlagen, Barockdichtung statt nach den herkömmlichen Gattungen nach von anderen Epochen unterschiedenen, eigenen Struktur- und Gattungsdefinitionen zu klassifizieren, da eine Beschränkung auf die herkömmliche Gattungsdreiheit Epik - Lyrik - Dramatik nicht ausreiche. Der Vorschlag G. Müllers, diese Dichtung ın "Gebrauchsliteratur, Repräsentationsliteratur, Expressionsliteratur"[34] aufzuteilen, vereinfacht aber das Bild dieser Literaturepoche nicht. Denn auch diese seine drei "Strukturarten" lassen sich nicht gegeneinander abgrenzen und kontrastieren, sondern müssen auf die Grade untersucht werden, bis zu welchen auch Grundzüge der anderen Strukturarten in ihnen enthalten sind. Mit solchem Ansatz könnte Barockdichtung nur in ihrer Gesamtbesonderheit, aber nicht im detaillierten Kontrast zu anderen Epochen gewürdigt werden. Alle Barockliteratur ist ihrem Wesen nach auf Wirkung angelegt, betont Barner und beruft sich dabei auf Buchner.[35] Eine Prüfung des Grades der Wirkungs- und Zweckbestimmung barocker Dichtung im Zusammenspiel mit den persönlichen Elementen ist nicht umständlicher als eine Kontrastierung von "Gebrauchsliteratur, Repräsentationsliteratur und Expressionsliteratur" auf ihre Wirkungselemente hin.

Es lässt sich also festhalten, dass Barocklyrik ihrem Wesen nach nicht eindeutig Individualaussage darstellt und ebenfalls nicht eindeutig zweck- und gesellschaftsgerichtet ist, sondern dass ein Nebeneinander dieser Tendenzen ihren Charakter ausmacht.

---

[30] Günther Müller, "Höfische Kultur der Barockzeit", in H. Naumann und G. Müller, Höfische Kultur , DVjs, Buchreihe 17 (Halle, 1929), S.137.

[31] Wilfried Barner, Barockrhetorik (Tübingen, 1970), S.83.

[32] Friedrich Sengle, "Die literarische Formenlehre. Vorschläge zu ihrer Reform", in Dichtung und Erkenntnis , (Stuttgart, 1967), S.15.

[33] G. Müller, op. cit., S. 137.

[34] G. Müller, cit. in W. Barner, op. cit. S.87.

[35] August Buchner, Anleitung zur Deutschen Poeterey (Wittenberg, 1665), Teil II, S. 32. (cit. in W. Barner, op. cit., S. 75).

Diese Komplexität wird noch erweitert durch Indirektheiten der Aussage, die stilistisch kennzeichnend für die Epoche sind: "Die allermeisten Dichter... halten keinem geraden Blick stand... Sie reden nicht mit unverstellter Stimme; sie tragen die Perücke oder die Narrenkappe, sie drehen sich nach den Figuren des Gesellschaftstanzes, sie knieen als Büsser vor ihren Altären... (Sie) zeigen auch in ihrer Dichtung äusserst selten offene Gesichter. Auch ihre Dichtung ist nicht so Bekenntnis als Bemeisterung ihres Lebens... Am meisten in der Lyrik sind zehrende Daseinsnot, bergende Ordnung, fromme Sendung, könnerisches Handwerk, modische Verkleidung inniger als irgendwo ver-quickt", schreibt Cyzarz.[36] Das bedeutet: wir finden in der Lyrik dieser Epoche -abgesehen von dem Mit- und Nebeneinander von inneren diversen Strukturelementen- zusätzlich ein Übereinander von Rollen bzw. Masken und ihren Trägern; wir finden Spiegel, Echos, Bilder und Verschlüsselungen und deren Urbilder. Gesellschaft, Sprachcharakter und Mode wirken mit, die Aussage diffus erscheinen zu lassen, bis eine Individualität zu verschwinden scheint. Spahr nennt diese Tendenz "a dissolution or dissipation of the individual identity"[37] und betont, dass jede Analyse eines Ich in der Dichtung des 17. Jahrhunderts über das Augenfällige hinaus seine innere Absicht ("intent") und das Mass seiner Individualität in seinen Äusserungen und Handlungen in Betracht ziehen müsse, wobei diese Individualität sogar in der Lyrik nur schwer zu erkennen sei unter der äusseren Erscheinungsform des Ich, der "Person" im Sinne von persona = Maske.

So verborgen erscheint der subjektive Aussagegehalt in der Barockdichtung, dass die Versuchung besteht zu postulieren, Barock-lyrik sei eine Form von Schlüsseldichtung in sofern, als die Aufgabe desjenigen Interpreten, der primär ihre subjektiven Elemente betrach-ten will, darin bestehe, sie zu "entschlüsseln", um unter den

---

[36] H. Cyzarz, op. cit., S.16.

[37] Blake L. Spahr "Gryphius and The Crisis of Identity", in German

überlagernden Schichten von Gesellschafts-, Zweck-, Sprach- und Mode-
gebundenheit das Individuelle aufzuspüren. Georg Schneider definiert
Schlüsseldichtung als "ein Abbild realer Personen oder Vorgänge" im
Sinne von tatsächlichen Handlungen in oder aus der Wirklichkeit.[38]
Wollte man diesen Begriff auf lyrische Dichtung anwenden, müsste man
zunächst Schneiders Definition dahingehend modifizieren, dass die in
der Dichtung abgebildeten "realen" Vorgänge seelische sein dürften,
die nicht einfach die Biographie des Dichters reflektieren. Aber nur
dann dürfte man überhaupt von abgebildeten Vorgängen in der Dichtung
sprechen, wenn es sich um eine lineare Verschiebung von Erlebtem in
die dichterische Form handelte.

Die Transformation von realem Geschehen in Lyrik ist aber ein
viel zu komplizierter Prozess, als dass man von "Abbildung" sprechen
könnte. Zwar bietet die lyrische Aussage eines Gedichts in
künstlerischer Form das Erlebnis eines Menschen dar, der es in ihr
darstellt und deutet, und auf diese Weise schwingen notwendig das
Erleben, das Innenleben und die Eigenart des Dichters in dem fertigen
Kunstgebilde mit und weist das Gedicht auf den Dichter zurück. "Das
lyrische Gedicht stellt die Frage nach dem Dichter in einer ganz
anderen Weise als der Roman und das Drama", erklärt K. Hamburger.[39]
Aber das bedeutet nicht, dass der Dichter in seiner biographischen
Wirklichkeit Gegenstand des Gedichts wäre, d.h. dass man das Ich des
Gedichts mit dem des Dichters gleichsetzen könnte.[40] Ebensowenig ist
das Ich des Gedichts ein "fiktives Ich", abgetrennt von der Erleb-

---

Life and Letters, XXII (July 1960), S.358.
[38] Georg Schneider, Die Schlüsselliteratur (Stuttgart, 1951), 1.
Bd., S.5/6 und S.34.
[39] K. Hamburger, op. cit. S. 190.
[40] Staigers Theorie der "Verschmelzung" von Subjekt und Objekt in
der Lyrik und ihrem "privaten Charakter" leistet diesem Fehlschluss
Vorschub. Emil Staiger, Grundbegriffe der Poetik (Zürich, 1946), S.54
ff.

niswelt des Dichters.[41] Es geht aber in der Lyrik weder um das Vorhandensein noch um das Fehlen von biographischer Wahrheit und Wirklichkeit, sondern um den gedichteten Niederschlag des Erlebten, Gefühlten; Literaturanalyse fragt nicht nach den Einzelheiten des Dichterlebens, sondern nach den Erscheinungsformen und der dichterischen Aussage des Werkes. Alle Aussagen müssen auf ihre Gültigkeit ausschliesslich innerhalb des Werkes betrachtet werden, gleichgültig, wieviele Ereignisse einer äusseren Realität in ihnen nachweisbar sind. Ob und wie Dichter-Ich und lyrisches Ich identisch sind, ist eine Frage, die einen unerlaubten, da willkürlichen, Eingriff in das Kunstgebilde darstellt. Für jeden Dichter und jedes Gedicht ist der Grad verschieden, in dem die künstlerische Formung das Aussageerlebnis neutralisiert hat. Benn sagt: "... jedes neue Gedicht ist eine neue Balance zwischen dem inneren Sein des Autors und dem äusseren, dem historischen, dem sich mit dem Heute umwölkenden Geschehen."[42]

Das lyrische Ich desselben Dichters, d.h. das von demselben Dichter gestaltete lyrische Ich, kann in vielen Abwandlungen erscheinen, direkt und unbefangen oder fremd und unpersönlich; und entsprechend sind die Spielformen des lyrischen Ich verschiedener Dichter und verschiedener Epochen unendlich variiert. Entscheidend ist, dass das lyrische Ich zwar das biographische Erlebnisfeld des Dichters reflektiert, dass aber gleichzeitig ein grundsätzlicher Wesensunterschied zwischen Dichter-Ich und lyrischem Ich besteht insofern, als das lyrische Ich den dem Kunstwerk innewohnenden Gesetzen gehorcht, das Dichter-Ich aber sich an praktischen Realitäten orientiert.

Hieraus folgt, dass kein gedichtetes "Abbild" gültige

---

[41] Rene Wellek und Austin Warren, Theory of Literature, Rev. ed. (New York, 1965), S.147 ff.
[42] Gottfried Benn, Ein Briefwechsel zwischen Alexander Lernet-Hollnia und Gottfried Benn (1953), S.21-22, cit. in Walter Müller-

Rückschlüsse auf das "Urbild", den Dichter, erlaubt. Die Anwendung des Ausdrucks "Schlüsseldichtung" als Abbild eines Urbilds auf Lyrik -gleich welcher Komplexität- wäre aber, ganz abgesehen von der gerade diskutierten Problematik, grundsätzlich falsch. Hätte der Dichter sein Gedicht absichtlich nach den Gesichtspunkten des Versteckens geschaffen und wäre der Gehalt davon beeinflusst, dann hätten lyrikfremde, pragmatische Gesichtspunkte den Vorrang über die Gestaltung des dichterischen Erlebnisfelds genommen, und damit wäre solche Dichtung als Ganze keine Lyrik mehr, da nicht mehr primär Sebstaussage: Verschlüsseln ist ein ebenso unlyrisches Gestaltungsprinzip wie Unterrichten oder Belehren, nur ist das Vorzeichen umgekehrt. Das Konzept "Schlüssel-Lyrik" wäre so ein Widerspruch in sich. Selbst wenn der Dichter keine solche Verschlüsselungsabsicht gehabt hätte, würde dieser auf seine (vermutlich komplexe) Lyrik angewandte Begriff fälschlich immer wieder auf den "realen" Dichter verweisen, weil die Beziehungen von dichtendem Ich und lyrischem Ich vereinfacht -da automatisch gleichgesetzt- würden, wodurch der lyrische Gehalt im Kontrast zum biographischen Gehalt dieser Dichtung in seiner Essenz verwischt würde.

Es gibt aber -zunächst rein theoretisch- noch den Fall, dass der Dichter "verschlüsselt", ohne "abzubilden"; das bedeutet, dass sein Verschlüsseln ein Mechanismus wäre und der Gehalt seiner Dichtung davon unangetastet bliebe. Schneiders Definition von Schlüsseldichtung muss für einen solchen Fall völlig ausgeklammert werden, denn ein Mechanismus ist ein äusserliches Formungsprinzip und kann nicht einen Gehalt abbilden; von Urbild und Abbild ist bei dieser Art von Verschlüsseln keine Rede. Auch in diesem Fall gilt das vorher Gesagte, dass pragmatische Überlegungen, wenn sie in die Dichtung formgebend eingehen, keine Lyrik schaffen. Aber unser theoretischer Fall setzt voraus, dass Mechanismus und Gehalt nicht eins

---

Seidel, Probleme der literarischen Wertung (Stuttgart, 1965), S.57.

sind, dass objektgerichtete -versteckende- Aussagen und lyrische -versteckte- Aussagen in demselben Gedicht existieren können, ohne den gegenseitigen Charakter zu beeinflussen. Das Verschlüsselte, Verschlossene, Versteckte bleibt in seinem lyrischen Gehalt unangetastet von den Mechanismen des Verschliessens, die sich an Bedingungen ausserhalb des Werkes orientieren. Das Schloss liegt nicht zwischen dem Urbild und dem Abbild, wie Schneiders Definition es voraussetzt, sondern zwischen dem lyrischen Teil der Dichtung und dem Empfänger, der Öffentlichkeit. Das Schloss ist nicht durch einen einzigen Schlüssel, etwa einen Namen, zu öffnen, sondern durch ein Aufsuchen und Auflösen des Verschlussmechanismusses.

Es wird deutlich, dass solch eine Verschlüsselung bewussten Eingang in die Dichtung gefunden haben muss; denn es ist Voraussetzung dieses Gedankengangs, dass es sich bei dem verborgenen Gehalt solcher Dichtung nicht um generell schwer zugänglichen Aussagegehalt handelt, den die Interpreten von Lyrik jeder Epoche aufzuhellen suchen,[43] sondern um Verborgenes, Verstecktes, das jemand hat verbergen und verstecken wollen, um das Lyrische, das der Dichter hinter und neben Nicht-Lyrischem aussagt. Dass es ihm möglich ist, diesen Versteck-Mechanismus ohne Beeinträchtigung des lyrischen Gehalts seiner Dichtung anzuwenden, setzt ein komplexes Medium voraus, das wesensmässig lyrik-fremde Elemente neben lyrischen duldet; in einer durchgehend lyrischen Dichtung wäre kein Verschlüsseln möglich (was nicht heissen soll, dass solche Lyrik durchsichtiger würde).

Der bisher theoretisch und allgemein aufgezeichnete Fall entspricht dem der Catharina vom Greiffenberg. Ihre Dichtung hat die gattungs- und epochebedingte Komplexität, Voraussetzung für solche Versteckmanöver; die Dichterin erklärt die Notwendigkeit dafür:
"Besser ists verborgen seyn

---

[43] "Je verborgener der Objektzusammenhang, unso schwieriger deutbar

als vor jedermann gedränget." (Sonett 86)

Eine Analyse des lyrischen Gehalts ihrer Dichtung kommt einem Entschlüsseln nahe, wie das für den lyrischen Gehalt der meisten Dichtung des Barock der Fall ist. Aber bei ihr findet sich in besonderem Grade eine Tendenz zur Obskurität und Verstecktheit, und daher ist die Berücksichtungung der verschiedenen Elemente dieser Dichtung -lyrische, praktische, verbergende- eine Voraussetzung jeder Analyse. Der Ausdruck "Entschlüsseln" soll aber vermieden werden wegen des Missverständnisses, das notwendig aus der gängigen Auffassung vom Begriff "Schlüsseldichtung" erwachsen muss.

Es war erklärt worden, dass im Modell das für den lyrischen Charakter geistlicher Dichtung Entscheidende die Intention des Dichters ist, eigenes Erleben zu gestalten, statt einem kollektiven Ich dichterische Mitteilungsform zu geben. Ob Catharina ihre Gedichte so verstanden hat, lässt sich nicht direkt entscheiden, da der Sammelband mit ihren Sonetten angeblich ohne ihr Wissen erschien, so dass er notwendigerweise keine direkten Äusserungen ihrerseits zu dieser Frage enthalten kann.[44] Doch selbst gesetzt den Fall, dass sich konkrete Worte hierzu fänden, hätte man es mit der zusätzlichen Schwierigkeit zu tun, dass im siebzehnten Jahrhundert manches in umfangreichen Vorreden gesagt wurde, das mehr aus dem Bemühen um das Wohlwollen höfischer und literarischer Gönner entstand als aus einem direkten Mitteilungs-und Klarstellungsbedürfnis privater Absichten; und auch der Topos affektierter Bescheidenheit erzwang manche zurückhaltende Pose. Das einzige, das über Catharinas Intention belegt ist, bezieht sich ganz umfassend auf ihren erklärten Lebenszweck, "Deoglori", von

---

der Sinnzusammenhang." K. Hamburger, op. cit., S.204.
[44] Siehe dazu Kimmichs Erörterung der Frage, in wieweit Catharina bei der Herausgabe ihrer Gedichtsammlung beteiligt gewesen sei. Wir schliessen uns ihrer Vermutung an, sie habe höchstwahrscheinlich mitgewirkt. Flora G. Kimmich, "Methods of Composition in Greiffenberg's Sonnets," (Diss. Yale, 1969), S.34.

dem ihre Gedichte nur einen Teil ausmachen[45] und von dem man nicht direkt auf jede ihrer dichterischen Aussagen schliessen kann. Deshalb blieb in der Vorarbeit nichts anderes übrig, als jedes Gedicht für sich und neu ansetzend zu betrachten, um herauszufinden, bis zu welchem Grade die Dichterin ihre Aussage auf das lyrische Ich ausrichtet.

So einfach und direkt liesse sich die Frage nach dem lyrischen Gehalt einer Dichtung aber nur im Modell beantworten, das alle Verhältnisse zur grundsätzlichen Klarstellung der Prinzipien vereinfacht. In unserem Fall zeigt es sich, dass Catharina innerhalb ihrer 250 Sonette nicht nur sowohl Lyrik als auch Gebrauchsdichtung geschaffen hat, sondern dass in vielen ihrer Sonette die Richtung der Aussage nicht eindeutig ist. Das soll nicht heissen, dass keine deutliche Aussagerichtung existiert, sondern dass die Aussagerichtung wechselt, so dass es in einem und demselben Sonett beide Richtungen gibt. Viele von den Sonetten fallen in so eine Mischgattung, Gebrauchsdichtung mit ihrer deutlich praktisch-pragmatischen Intention und gleichzeitig Lyrik mit ihren ebenfalls deutlichen subjektiven Elementen.

Diese Feststellung überrascht nach dem, was über den Charakter der Barocklyrik und über die geistliche Dichtung dieser Epoche bereits gesagt worden ist, nicht. "... (D)ie grübelnd-inbrünstigen Sonette der Katharina Regina von Greiffenberg (sind) durchaus geistliche Dichtungen..., voll einer freilich urpersönlichen, bekennerischen Religiosität, die einen tieferen Blick in weibliches Seelentum aufschliesst als alle Barocklyrik sonst. Gerade die Form des Sonetts, schamvoll beschwingend, verhaltend, liebkosend, führt alle hohen Anlagen und fraulichen Gefühlsreichtümer der Dichterin zur Erfüllung. Glaube und Kunst sind hier eines Ursprungs," erklärt Cysarz.[46] Auch M. Wehrli sieht Catharinas Dichtung so. Er stellt in der Besprechung

---

[45] H. Frank, op. cit. passim.
[46] H. Cysarz, op. cit. S.69.

von Sonett 191 fest, dass "das Barockgedicht als Ganzes ... selten ein reiner lyrischer Ablauf nach den Wünschen der neueren Poetik" ist und es "sich gerade vom lyrischen Moment (entfernt), indem es auf einen sentenziösen Ertrag, eine Erkenntnis hinstrebt", dass Catharinas Sonett 191 dennoch -bei aller Beispielhaftigkeit ihres Werkes für die Phänomene ihrer Epoche- "den Charakter eines persönlichen Dokuments (gewinnt)".[47]

U. Herzog fordert, die überbetonung "gesellschaftlicher Bedingtheit" barocker Literatur durch die "Frage nach den problematischen realen Verhältnissen (der Vermittlung), von denen die Poetik schweigt",[48] zu modifizieren, und verweist auf Catharina von Greiffenbergs Dichtung, von der er erklärt, dass, obwohl sie in mancher Hinsicht "der Geschichte der Frömmigkeit mehr zu sagen hat als der Literaturgeschichte",[49] sie doch nicht von gesellschaftlichen Bedingungen überformt ist: "dieses Leben und diese Dichtung (besitzen) nicht ideologische..., sondern unverfehlte Form der Einsamkeit."[50] Dieser Terminus "Einsamkeit", der aus Herzogs Bemühen um Kontrast zur Gesellschaftsbedingtheit der Barockdichtung geprägt ist, lässt sich ohne Verzerrung auf den Begriff lyrisch im Sinne von subjekt- statt objektbezogen übertragen.

Diese Untersuchung will im Folgenden in eingehender Analyse von Sonetten mit überwiegend lyrischem Charakter ihren differenzierten Aussagegehalt erschliessen. Zuvor aber noch ein kurzer Blick auf die bisherige Forschung. Es geht dabei nicht um vollständige Würdigung bisheriger Arbeiten, sondern es soll an dieser Stelle nur ausgewertet

---

[47] Max Wehrli, "Catharina Regina von Greiffenberg", Schweizer Monatshefte, 45(1965/66), S.579-581.
[48] Urs Herzog, "Literatur in Isolation und Einsamkeit", DVjs, 3(1971), S.515/16.
[49] S.538.

werden, ob und in wie weit die lyrischen Tendenzen der Dichtung der
Greiffenberg gesehen und berücksichtigt wurden, d.h. ob diese Untersuchungen den dichterischen Aussagegehalt der Sonette erschliessen.
Wird das in der Dichtung gestaltete, das lyrische Ich von der biographischen Catharina von Greiffenberg und der Rollensprecherin unter-
schieden? Welche Folgen ergeben sich für die Interpretation, wenn
solche Differenzierung unterlassen wurde?

Uhde Bernays, Catharinas erstem Interpreten, kann man von heu-
tigem Standpunkt leicht "Abseitigkeit" vorwerfen.[51] Seine Arbeit, 1903
erschienen, reflektiert nur zu deutlich die vorgefassten Meinungen
seiner Zeit über das siebzehnte Jahrhundert und den Mangel an
Verständnis für dessen Gegebenheiten. So würdigt Uhde Bernays Catharinas Dichtung nicht in ihrer Gesamtheit, sondern spricht davon, dass
es "notwendig war..., den Kern von der drückenden Schale erst zu
lösen",[52] und wertet diese "Schale", die epochegefärbten Elemente in
Catharinas Dichtung, stark negativ ("bedenklich", "Verfehlungen",
"neugeformte Ungeheuerlichkeiten"),[53] den "Kern" aber schreibt er
"echt lyrischem Talent" zu[54] und nennt ihn bezeichnenderweise ein
"wahres Abbild des Dichters".[55] Es ergeben sich diese Muster: "Gut"
ist alles, das "selbständig" genannt werden kann, im Kontrast zu den
Teilen, die die "allgemeinen Fehler ihrer Zeit" aufweisen[56] und
Catharina als "Nachahmerin, Anhängerin, Kennerin" der ihr zugänglichen

---

[50] S.444.
[51] Max Wehrli, op. cit., S.578.
[52] Hermann Uhde Bernays, Catharina Regina von Greiffenberg (1633-
1694). Ein Beitrag zur Geschichte deutschen Lebens und Dichtens im 17.
Jahrhundert. (Berlin, 1903), S.58.
[53] S.64.
[54] S.79.
[55] S.45.
[56] S.42.
[57] S.43 und S.55.

Literatur offenbaren.[57] "Besondere Schönheiten"[58] zeigt ihre Dichtung, wenn "kindlich naive Regungen hervorschimmern"[59] , wogegen sie Einbusse erleidet, sobald ein "reflektierender Zug" sich geltend macht.[60] "Am höchsten steht sie, wenn ihr lyrisches Talent zum unbeschränkten Durchbruch gelangt", wogegen sie "ermüdend" und "stets gleichbleibend" wirkt in den "nur auf der Grundlage Gott ergebener Betrachtung verfertigten Sonette(n)".[61]

Diese offenkundige, grundsätzliche Voreingenommenheit in der Betrachtungsweise täuscht aber nicht darüber hinweg, dass Uhde Bernays jenseits seiner Werturteile manche sachlich korrekte Beobachtung macht. Er sieht den Kontrast zwischen wesensmässig verschiedenen Sonetten derselben Sammlung, die er einerseits "die lyrischen Sonette"[62] und andererseits die "auf der Grundlage gottergebener Betrachtung verfertigten Sonette"[63] nennt, -eine Beobachtung, die er manchen späteren Interpreten voraus hat, welche im Bemühen, Fehler der frühen Barockkritik zu vermeiden, keine Differenzierung wesensfremder Elemente vornehmen. Er sieht eine Verbannung des Lesers aus dem Eigenleben von Catharinas Dichtung,- das er freilich mit Catharinas Eigenleben gleichsetzt: "Da (dieser Bann) beabsichtigt ist, verhindert er den Leser, mit feingespitztem Ohr das Seelenleben der Dichterin zu erlauschen."[64] Wenn er diesen Bann "beabsichtigt" nennt, spricht er damit Catharina eine Souveränität im Gebrauch der barocken "Schale" in ihrer Dichtung zu, die seinen sonstigen Bemerkungen über Catharinas Schaffensprozess widersprechen, in denen er behauptet hatte, dass die "naiv kindlichen Regungen" verschwinden, "sobald Catharina beginnt,

---

[58] S.56.
[59] S.57.
[60] S.42.
[61] S.42.
[62] S.43.
[63] S.42.
[64] S.58.

ihrer gelehrten Freunde zu gedenken",[65] d.h. dass angeblich Catharinas dichterische Selbständigkeit dem Bedürfnis, sich ausserhalb der Dichtung zu orientieren, zum Opfer fällt.

Manche Unklarheit entsteht daraus, dass Uhde Bernays ständig Dichter-Ich und lyrisches Ich gleichsetzt und seine Zitate einleitet mit: "Die Dichterin/ sie" "fleht/ wünscht/ sagt" etc., was sich erklären lässt aus des Authors Bemühen, Catharinas Dichtung als persönlich und daher wertvoll herauszustellen. Auch moderne Greiffenberg-Kritiker werden sich oft dessen nicht bewusst, dass sie die "persönlichen" Elemente zum Wertmasstab der Dichtung gemacht haben.[66] Hier soll nicht etwa behauptet werden, es sei falsch, Catharinas Dichtung von ihrer individuellen Seite her aufzuschliessen. Jede Untersuchung, die sich mit mehr als isolierten Formaspekten der Sonette befasst, muss ihr Augenmerk auf diese Züge lenken. Es scheint aber unangebracht, die Dichtung danach zu werten, ob die Dichterin sich in ihr besonders direkt ausspricht.

Villigers Arbeit Catharina Regina von Greiffenberg. Zu Sprache und Welt der barocken Dichterin, [67] die ein halbes Jahrhundert nach der von Uhde Bernays erschien, betrachtet das Werk der Greiffenberg ebenfalls nicht als Sammlung in sich geschlossener Kunstwerke. Hier wird aus Einzelaussagen ein vom Interpreten entworfenes Bild von Werk und "Mensch" zusammengesetzt, wobei er ebenfalls nicht zwischen der biographischen, der sich als lyrisches Ich setzenden und der eine christliche Gemeinde ansprechenden Catharina unterscheidet. Das Resultat sind allgemeine Aussagen, die mehr unter Religionsphilosophie

---

[65] S.53.

[66] s. John H. Sullivan, "The German Religious Sonnet of the 17th Century", Diss. (Berkeley, 1966) Sullivans Untersuchung will primär den Platz der Greiffenberg in der Entwicklung der geistlichen Lyrik ihrer Epoche festlegen; so betont er "persönliche" Elemente, denn sie sind neu, d.h. treiben die Entwicklung voran.

[67] Zürich, 1952.

als unter Literaturkritik fallen.

Villiger sieht trotz überspitzter Formulierung richtig, dass Catharinas Dichten "das Spiel einer Einzelnen" ist; "weder bedarf es der Gesellschaft noch bildet es Gesellschaft,"[68] und dass das Werk Catharinas nicht "den Menschen" herausstellen will, sondern in ihm "ein Mensch" spricht: "nicht der Mensch als Typus wird also sichtbar, sondern wir vernehmen die Person"; "...es ist ein aktuelles, lebendiges und einzigartiges 'Ich'."[69] Um dieses ganz klarzumachen, kontrastiert er dieses Ich mit dem des Angelus Silesius, wo das Ich "eine Abstraktion vertritt"[70] und man es, ohne den Sinn zu gefährden, mit einem "du" austauschen könnte. Von unseren Standpunkt gesehen überbetont er die individuellen Züge der Dichtung und schränkt ihre Bezogenheit auf eine "Gesellschaft" ein.[71] [72]

Seine Bemerkungen über die "Richtung des Werks"[73] unterbauen diese Position. Das Lob Gottes ist Catharinas Ziel, aber dieses Lob ist nicht als sprachliches Mitteilen zu verstehen, da Catharina selbst erklärt: "Das beste Lob das Schweigen" (L380). Villiger schreibt: "Denn es ist offensichtlich, dass man nicht durch Schweigen 'auf das höchst loben' kann, wenn das Lob rein sprachlicher Art ist."[74] Daher betont er, dass Gotteslob auch im Anschauen der Schöpfung und im Betrachten des eigenen Bildes als Abbildes Gottes bestehen kann.[75] Ferner schränkt Villiger den Mitteilungscharakter der Dichtung ein, indem er die Sprache stellenweise überfordert findet: "sie zerbröckelt

---

[68] S 65.
[69] S.80.
[70] S.80.
[71] S.29.
[72] s. dazu Urs Herzogs Artikel, "Literatur in Isolation und Einsamkeit. Catharina Regina von Greiffenberg und ihr literarischer Freundeskreis," DVjs (1972), S.515-46.
[73] op. cit., S.33.
[74] S.35.

im Gestammel, dessen Sinn man mühsam entziffert."[76] All diese Zitate zeigen, dass Villiger Catharinas Dichtung als subjektive Aussage versteht, nicht als allgemeingültige Mitteilung an eine christliche Gemeinde.

Trotz dieser Überzeugung, dass es in Catharinas Dichtung nicht um "den Menschen"[77] geht, dass also alle Aussagen nicht über die Dichtung hinaus gültig und anwendbar sind, erliegt Villiger der Versuchung, aus dem Werk ein "Menschenbild" zu lesen, das universelle Züge trägt, nicht die eines einzigartigen Ich. Villiger scheint sich der Fragwürdigkeit dieses Tuns bewusst: "Daher dürfen wir streng genommen nicht nach einem 'Menschenbild' Catharinas von Greiffenberg fragen, und es ist Notbehelf, wenn wir es um der einfachen Verständigung willen dennoch tun."[78] Das Resultat ist ein völlig undifferenziertes "Menschenbild", weil Villiger die Dichterin, das lyrische Ich des Werkes und das kollektive Christen-Ich nicht getrennt betrachtet. So zeichnet er ein Gesamtbild, in dem durch die Verallgemeinerung und Zufügung fremder Teile jedes einzelne dieser Ichs in seiner Besonderheit verwischt wird. In diesem "Menschenbild" schwimmen die Grenzen zwischen Biographie, Dichtung und Religion; und gerade dasjenige Bild, das Catharinas Dichtung allein sichtbar macht, wird verstellt. Es muss aber gewürdigt werden, dass Villiger in sein Gesamt-Menschenbild viele Züge des lyrischen Ich aufnimmt, die er äusserst sensibel Catharinas Dichtung entnommen hat.

Horst-Joachim Frank untersucht in seiner ungekürzten Dissertation[79] Aufbau, Form und Motive der Sonette, setzt sie in Beziehung zur

---

[75] S.52.
[76] S.80.
[77] S.65.
[78] S.65.
[79] "Catharina Regina von Greiffenberg. Untersuchungen zu ihrer Persönlichkeit und Sonettdichtung", Diss. (Hamburg, 1958).

Entwicklung der religiösen Sonettdichtung ihrer Zeit und stellt Gruppenmerkmale nach Formaspekten für eine Einteilung und Erschliessung auf, die er selbst mit Hilfe seiner Unterscheidungsmerkmale schliesslich interpretiert[80].

Für uns interessant sind seine Gruppen. Frank wählt, auf Scherers [81] und Walzels [82] Poetiken fussend, "Sprechrichtungen" als Kriterium. Er sieht Unterschiede zwischen der "Gemeinschaft stiftenden Ansprache" eines Publikums, der "Aussprache" eigenen Empfindens und der "Anbetung" Gottes, denen er jeweils eine "Sprechsituation" bzw. "Sprechrichtung" zuteilt und die sich seiner Meinung nach durch "Sprechformen", "formelhafte Wendungen" manifestieren[83]. Nach diesen "Sprechformen" will Frank alsdann die Sonette gruppieren, sieht aber selbst die Grenzen dieses Systems: Er kann die Sonette der "Ansprache" nicht wirklich von denen der "Aussprache" trennen, so dass er diese Gruppen wieder zusammenlegen und "nebeneinander"[84] behandeln muss. Abgesehen von dieser Schwierigkeit sieht Frank noch eine weitere: "Es bleibt eine letzte Gruppe von Sonetten, die teils in der An- und Aussprache, teils in der Anbetung stehen."[85]

Wir können, um bei den erarbeiteten Begriffen zu bleiben, "Gemeinschaft stiftende Ansprache" in unseren Begriff von religiöser Gebrauchsdichtung ummünzen; seine "Aussprache" deckt sich mit unseren Konzept vom lyrischen Gehalt; und die "Anbetung" bleibt ein von uns nicht gesondert benanntes Bauelement dieser Lyrik, das wir dem

---

[80] Diese Arbeit ist nicht gleichzusetzen mit dem gedruckten Teil der Dissertation, Catharina Regina von Greiffenberg. Leben und Welt der barocken Dichterin , (Göttingen, 1967), der keine Literaturkritik enthält.

[81] Wilhelm Scherer, Poetik (Berlin, 1888), S.242 ff.

[82] Oskar Walzel, "Gehalt und Gestalt im Kunstwerk des Dichters", in Hb.d. Literaturwissenschaft (Berlin, 1923), S.383 f.

[83] Frank, Dissertation, S.149.

[84] S.150.

[85] S.150.

Ausdruck des dichterischen Erlebnisfeldes und damit der "Aussprache" und den lyrischen Elementen zuordnen. Aber ein Unterschied zu unserem Ansatz besteht in Franks Gesamtsicht dieser Dichtung. Er zieht in seinem Bemühen, Ordnungsprinzipien aufzustellen und abzugrenzen, das Nebeneinander verschiedenartiger Elemente so weit auseinander, dass die Komplexität dieser Sonette verloren geht. Entsprechend fassen die Interpretationen nur das, was seine Abgrenzungen fassen können, und lassen anderen Interpreteten ein weitgehend unbearbeitetes Feld.

Dalys Dissertation "Die Metaphorik in den 'Sonetten' der Catharina Regina von Greiffenberg"[86] dringt ihrer Fragestellung nach nicht in die Greiffenbergsche Dichtung ein; sie versucht keine Interpretation. So ist es offenkundig, dass sie keine Differenzierung der Strukturelemente bieten kann, und dass sie die Vielschichtigkeit der Ich-Aussagen ignoriert. Daly sieht Catharinas Dichtung als "schlechthin barock" wegen ihrer Formeigenschaften, behandelt die Dichterin als "Repräsentantin des Hochbarock," aber spricht ihr dennoch "eigenes Gepräge" zu.[87] Er beschränkt sich auf Formaspekte, die Metaphorik und deren Zustandekommen aus Orthodoxie, Geschichte, Mystik und Biographie der Dichterin. Er fasst die Greiffenbergsche Dichtung von aussen an, zeigt systematisch und befriedigend das Wie und Warum ihrer metaphorischen Erscheinungsformen auf und erhellt dabei oft indirekt das Was, den Gehalt der Sonette. Seine Arbeit ist als Grundlage einer Gesamtinterpretation der Sonnette hoch zu schätzen.

J.H. Sullivan sieht wie andere Interpreten Wesensunterschiede in Catharinas verschiedenen Sonetten. Ohne dass er sich der Implikationen seiner Charakterisierungen bewusst zu werden scheint, nennt er

---

[86] Zürich, 1964.
[87] S.19.

die Sonette "personal"[88] sowohl wie "didactic,"[89] wobei er letztere in der Minderheit sieht.[90] Er findet diese Züge sowohl in verschiedenen Sonetten als auch gleichzeitig in einem und demselben. ("Even in such a personal and individualistic poem as this -S 181- she does not neglect extolling the benefit of the Eucharist for all men").[91]

Sullivan hat hohes Lob für die "persönlichen" Sonette, hebt den unmittelbaren Ausdruck der Gefühle und die Einmaligkeit und Originalität solchen Ausdrucks in ihrer Epoche hervor[92] und nennt sie "interesting."[93] Die "didaktischen" Sonette verurteilt er als weniger geglückt: "Each sonnet treats...abstract religious themes...None of these sonnets attains the level of the better sonnets...primarily because they are didactic poems,"[94] und erinnert in diesem Urteil an Uhde Bernays. Er unterscheidet nicht zwischen dem Ich der didaktischen und dem der persönlichen Sonette.

Sullivan unterstreicht sein positives Urteil über Catharinas Sonnette, indem er andere Kritiker anführt, die dieselben Aspekte dieser Dichtung loben, die auch ihm gefielen. So zitiert er Salzer, der die wirksamen, einmaligen und persönlichen Elemente in Catharinas Dichtung hervorhebt,[95] und Newald, der über Catharina schreibt, dass sie wie wenige Dichter ihres Jahrhunderts darum kämpfte, dem Ausdruck zu geben, was sie bewegte, und dass in ihren Sonetten eine einmalige

---

[88] op. cit., S.203, 223, und 228.
[89] S.213, und 218.
[90] S.220.
[91] S.230.
[92] S.203, und 223.
[93] S.228.
[94] S.213.
[95] Anselm Salzer, Illustrierte Geschichte der deutschen Literatur (München, o.J.), Bd.II, S.693 f. (zit. in Sullivan, S.239).

weibliche Sensibilität Ausdruck finde.[96]

Sullivan sieht mit Recht keinen Widerspruch dazu, wenn er der weiblichen Sensiblität einen anderen Zug gegenüberstellt, den er in den Sonetten gefunden hat: "...there is, finally, another facet of her personality and sonnetry that should be illustrated. This is a manly type of courage...."[97] Denn Ausdrücke wie "weiblich" und "männlich" und die Tatsache, dass er Catharinas "personality" und "sonnetry" in einem Atem ohne jede Unterscheidung von Autor und Werk nennt, sowohl wie sein Lob der persönlichen Elemente dieser Dichtung ("a record of the poet's inner life"),[98] weisen alle auf ein und dasselbe hin: dass Sullivan sein Hauptinteresse auf den Subjektpol der Dichtung lenkt und die gesamten Sonette aus dieser Sicht beurteilt und wertet.

Flora G. Kimmich setzt sich ein ehrgeiziges Ziel, wenn sie über Strukturanalysen von Sonetten zu Schlüssen über die Beschaffenheit und den Wert der Gesamtsammlung[99] kommen will. Sie glaubt, ihr Ziel erreichen zu können, wenn sie sich auf einen einzigen Formaspekt, den des Aufbaus, beschränkt, obgleich dieser Ansatz die Verschiedenheit der Sonette ausser acht lässt, die sie in ihrer Einleitung selbst hervorhebt: "Not a few of the poems have their raison d'etre only in the private realm of Catharina's personal religious experience; they read like diary entries cast into a special form (that of the sonnet)...Other poems...appear to have been undertaken in the absence

---

[96] Richard Newald, "Die deutsche Literatur vom Späthumanismus zur Empfindsamkeit", in Geschichte der deutschen Literatur , hrsg. Helmut de Boor und Richard Newald, (München, 1951), Bd.V (zit. in Sullivan, S.240).
[97] S.237.
[98] S.203.
[99] op. cit., S.17.

of any impulse at all."[100] Ihrem Entstehungsimpuls nach so unter-
schiedliche Sonette über einen Kamm scheren zu wollen, verlangt eine
Rationalisierung: "Yet for all the primacy of her religion Catharina
was and remains a poet",[101] wobei "a poet" nicht weiter definiert
wird.

Kimmich unterdrückt völlig die Tatsache, dass einzelne Sonette in
sich, neben- und miteinander, die verschiedenen von ihr beobachteten
Dichtungsantriebe dokumentieren. Es verwundert nicht, dass sie zu dem
Schluss kommt, dass die Sonette in der "Qualität" erheblich variieren,
da sie sie so uniform angreift und auf den einzigen Aspekt des
logischen, auf der Basis der "Einheitlichkeit" des Gedankengangs
gewerteten Aufbaus reduziert: "The collection contains abysmal poems;
it also contains superb ones. The range of its quality is another mark
of the amateur."[102] Kimmichs Qualitätsbegriff ist fragwürdig, ihr
Ansatz grob vereinfachend. Es ist grundsätzlich ein gewagtes Unternehmen, Lyrik zu werten, um so mehr so, wenn man sich auf "controlled
and logical constructs in which no word is wasted"[103] beschränkt. Ist
Logik der letzte Masstab von Lyrik? In diesem Zusammenhang seien Dalys
Worte zum Thema einer logischen Zergliederung von Metaphern angeführt:
"Die logische Struktur ist mechanisch; die Elemente bleiben
unabhängig, in ihrem Wesen unverändert; ihr Verhältnis zueinander
additiv, nicht interaktiv...Und was vermag der logische Geist mit den
Gefühlen anzufangen? Die Wahrheit der Dichtung untersteht nicht den
Gesetzen der Logik."[104]

Kimmich übersieht, dass man an eine so vielschichtige Dichtung
nicht den Masstab des "einheitlichen Aufbaus" anlegen kann. Das

---

[100] S.13/14.
[101] S.14.
[102] S.14.
[103] S.27.
[104] Peter M. Daly, op. cit., S.13.

Nebeneinander von unterschiedlichen Elementen ist ein strukturelles Merkmal gerade dieser Dichtung, wie einführend besprochen, und kann nicht als ein Mangel an Perfektion in der Durchführung des Gedankengangs ausgelegt werden. Kimmich ignoriert im Ansatz die Tatsache, dass es sich hier um Lyrik des siebzehnten Jahrhunderts handelt.

Ferner bleibt jede derartig begrenzte Analyse des Aufbaus einer Dichtung immer im Äusserlichen stehen und streift den Aussagegehalt nicht einmal. Von einer Betrachtung von Prosa unterscheidet sich Kimmichs Untersuchung nur dadurch, dass sie die Gesetze und die Möglichkeiten der Sonettform berücksichtigt.

Obgleich Black/Dalys Buch <u>Gelegenheit</u> und <u>Geständnis</u> [105] sich nicht direkt mit den <u>Sonnetten</u> befasst, ist es doch für unseren Zusammenhang von Wert. Sein Untertitel 'Unveröffentlichte Gelegenheitsgedichte als verschleierter Spiegel des Lebens und Wirkens der C.R.v. Greiffenberg' erklärt, dass es als Erschliessung weiteren Quellenmaterials zur Biographie gemeint ist. Die abgedruckten Gedichte werden daher vor allem auf ihre "persönlichen, ja, bekenntnishaften" Elemente hin untersucht,[106] die dann mit Briefzitaten in Übereinstimmung gebracht werden, so dass die Gedichte vor allem unter dem Gesichtspunkt von Bezügen zur Realität ausserhalb der Dichtung betrachtet werden.

Die Autoren sind sich dessen bewusst, dass eine solche Blickrichtung dem künstlerischen Gehalt einer Dichtung nicht gerecht werden kann; aber sie erklären ihr Tun in diesen Fall: "Sicher kann (diesen Gedichten) ein gewisser dichterischer Eigenwert nicht abgesprochen werden, jedoch sind sie wahrscheinlich von grösserer Bedeutung als

---

[105] Bern und Frankfurt/M., 1971.
[106] S.6.

Quellenmaterial zur Biographie, da sie ebenso wie die Briefe...an Sigmund von Birken, denen sie beilagen, persönliche Erlebnisse und Probleme der Dichterin widerspiegeln."[107] Dieses Miteinander von "Gelegenheitsgedichten im wahrsten Sinne des Wortes, denn fast immer kann ihr genauer Anlass aus den Lebensdaten und der Korrespondenz der Dichterin ermittelt werden,"[108] und dichterisch ungeformten Aussagen in Briefen rechtfertigt diesen Ansatz, der grundsätzlich falsch wäre bei einem veröffentlichten Werk. Vermutlich war die Dichterin selbst davon überzeugt, dass diese Gedichte eher "Tagebuch" als unabhängige Dichtung waren, und schloss sie deshalb von einer Veröffentlichung aus.

Black/Daly finden selbst in diesen privaten Gedichten, dass Catharina sich "in ihnen derselben unpersönlichen Formen und Formeln bedient wie in ihren veröffentlichten Werken."[109] Sie erklären: "Stimmt man (R. Newalds) Definition von Wesen und Aufgabe der Formel zu,[110] so ist es durchaus möglich, einen Schritt weiter zu gehen und zu behaupten, dass auch ein ganzes Gedicht, mag es noch so objektiv und unpersönlich erscheinen, Ausdruck höchst subjektiven Erlebens sein kann."[111] Bei Gedichten, die deutlich zum privaten Gebrauch bestimmt waren, ist diese Feststellung kaum überraschend. Sie ist aber in unserem Gedankengang sehr wichtig für die veröffentlichten Sonnette der Catharina, denn sie erlaubt ein Aufspüren der lyrischen Aussage unter formelhafter und unpersönlicher Darbietung.

---

[107] ibid.
[108] ibid.
[109] ibid.
[110] "Die Formel ist kein konventionelles Bild, sondern ein mit geistigem Gehalt gefülltes Gefäss"; Newald, zitiert in Black/Daly, S.25.
[111] ibid.

38

M.K. Slocums Dissertation[112] sieht zwar die Sonnette von der "Vor-Ansprache zum edlen Leser" her "nicht als Ausfluss subjektiver Originalität, sondern als objektive Vermittlung,"[113] und betont daher immer wieder: "Eine Dichtung, die sich auf Offenbarungsreligion gründet, muss notgedrungenerweise Geoffenbartes und fest Überliefertes zum Thema haben...."[114] Sie fährt aber fort: "Ihr Gegenstand ist also gegeben, aber die Art der Darbietung (...) steht frei."[115] Slocum geht noch weiter: "...eine Grunderkenntnis...ist die Erkenntnis der Identität, besser, der engen Verwandtschaft von Form und Gehalt..."[116] Immer wieder weist Slocum auf die "vielschichtige Aussage" der Sonnette hin;[117] "wird nur auf einer Bezugsebene gearbeitet, oder gibt es mehrere Bedeutungsschichten für ein und dasselbe Bild?";[118] "die Sprache darf...nicht einfach 'beim Wort' genommen werden."[119] Sie schliesst richtig: "Diese besonderen Stilmerkmale...verweisen auf einen bewusst manipulierenden, seine Materie durchdenkenden Dichter."[120]

Obgleich Slocum immer wieder die "objektive Vermittlung" als den Gegenstand der Sonnette bezeichnet, wird es ihr dennoch wegen ihrer Einsicht in die "enge Verwandtschaft von Form und Gehalt" möglich zu sehen, dass Catharinas Reflektionen über "Funktion, Bedeutung oder Bedingung...Grundlage und Zweck" ihres Werkes Gegenstand/Thema der Dichtung werden.[121] Also handelt es sich hier doch nicht nur um Objek-

---

[112] op. cit.
[113] S.19/20.
[114] S.67.
[115] ibid.
[116] S.113.
[117] S.65.
[118] S.57.
[119] S.63.
[120] S.107.
[121] S.49.

tives, es gibt mehr als nur eine "theologische Ausrichtung",[122] sondern gewollt ein Subjektives, "die Frage nach dem dichterischen Selbstverständnis und der sprachlichen Verwirklichung dieses Selbstverständnisses."[123]

Slocum ordnet Catharinas "Wiedergabe persönlicher Erlebnisse" zwischen Mystik und Pietismus ein,[124] betont aber eine wesentliche Einmaligkeit Catharinas. Dass Slocum nicht weiter geht in ihrer Untersuchung der "Auswirkung des Dichterselbstverständnisses auf Gehalt und Form der Dichtung selbst",[125] ist zwar durch ihre Fixierung auf die theologischen Aspekte dieses Werkes zu erklären, aber doch zu bedauern; ihre Untersuchungen des lyrischen Gehalts sind ausgezeichnet.

Die gedruckte Dissertation von R. Liwerski Das Wörterwerk der Catharina Regina von Greiffenberg [126] befasst sich nicht analytisch mit den Sonnetten. Da Liwerski aber von einer "über 30 Jahre hinweg beibehaltene(n) Werkkonzeption" spricht, -es lasse "sich nicht die geringste Abweichung des Prosawerkes von der Sonettsammlung feststellen,"[127] sind einige ihrer Feststellungen hier von Interesse. Obleich Liwerski anfangs die Dichterin als Mystikerin und ihre Schriften von der Theologie her sieht und sie "Beten"[128] und "Gotteslobliteratur"[129] nennt, findet sie dann eine Synthese von Theologie und Literatur: "Weil das Greiffenbergische Betrachtungswerk der Alternative theologischer Lehre oder Dichtung nicht sich beugt, erfährt in ihm das Prob-

---

[122] S.16.
[123] S.107.
[124] S.127.
[125] S.139.
[126] Bern, Frankfurt am Main, Las Vegas, 1978.
[127] S.583.
[128] S.436.
[129] S.447.

lem Mystik - Sprache einen neuen Akzent";[130] "Das Lobopfer des
Wörterwerkes CRVGs ist dem Gott der Dichtkunst wie dem Erlösergott
geweiht."[131]

Liwerski versteht Greiffenbergs "Beten" als individuelle Aussage:
"In dem sprechenden Ich wird nicht dem Leser die Rolle der gläubigen
Seele angegeben, sondern es wird darin die Stimme der Verfasserin
selbst laut."[132] "Im Schreiben, in dem das Schreiben ermöglichenden
Kampf gegen die Schreibverhinderungen und im Geschriebenen realisierte
sich die Greiffenbergische mystische Existenz,"[133] schliesst Liwerski.
Da sie "mystische Existenz" "als dichterische Existenz" definiert,[134]
können ihre Ergebnisse, soweit auf die Sonnette bezogen, letztlich mit
unseren Schlüssen zu subjektiver lyrischer Dichtung in Zusammenhang
gebracht werden.

---

[130]S.133.
[131]S.312.
[132]S.306.
[133]S.614.
[134]S.614.

III

Auf die unverhinderliche Art der edlen Dichtkunst

Wie einleitend erwähnt, hatte Catharina von Greiffenberg im Alter
von achtzehn Jahren ein religiöses Erlebnis, das in ihr "jenen zur
Aktion drängenden Eifer" erweckte, der "ihre kontemplative Veranlagung
wirksam ergänzte und damit zum seelischen Antrieb ihres religiösen
Dichtens und Handelns wurde."[135]Sie gelobte danach die Verherrlichung
und Ausbreitung des Namens Gottes in Wort und Tat; dies wurde ihr als
Aufgabe ihres Daseins deutlich.[136] Bei allen ihren Unternehmungen
spielte die Dichtkunst eine zentrale Rolle; sogar ihre Bekehrungsver-
suche des Kaiserhauses knüpften sich an ihre Kunst, über deren Wirkung
sie ihr Ziel zu erreichen hoffte. Bis zur Zeit der Veröffentlichung
ihrer Sonettsammlung war Dichten die einzige ihr mögliche Erfüllung
ihres Gelübdes.

In Anbetracht der zentralen Stellung, die die Dichtung im Lebens-
plan dieser Dichterin einnahm, soll die Analyse einiger ihrer Sonette
bei einer Gruppe beginnen, in der direkte Aussagen zum Thema Dichtkunst gemacht werden. Catharinas dichterische Gestaltung dieses Themas gibt Aufschlüsse, die mehr über ihre Auffassung von Kunst und ihre
Auffassung von sich selbst als Dichterin sagen, als ein Gelübde, das
nur die Oberfläche, die einfache Tatsache der dichterischen Darbietung
geistlichen Materials erfasst, nicht aber das Selbstverständnis eines
Dichters von seinem Tun, seine Schaffensantriebe, die Funktion der
Dichtung in seiner inneren Welt.

Sonett 88 ist eines der Sonette dieser Sammlung, die sich "wie

---

[135] Frank, Diss., S.27f..
[136] Frank zeichnet die Einzelheiten von Catharinas Leben unter
diesem Gelübde nach.

ein Tagebucheintrag lesen"[137] oder, wie andere Kritiker sagen würden,
"persönlich" klingen. Es handelt sich um ein unverkennbar lyrisches
Sonett; ein Ich bietet sein Anliegen direkt dar, seine Aussagen sind
nicht auf einen für Fremde gültigen Zusammenhang übertragbar.

Bereits der Titel dieses Sonetts setzt den kämpferischen Ton, der
vom ersten Wort an die Aussage dominiert. Eine Meinung wird hier
geäussert: "unverhinderlich" ist kein beschreibendes Adjektiv, sondern ein Programm, eine Kampfansage, und "Trutz" lässt keinen Zweifel
über die Einstellung des kämpfenden Ich.[138] Die ersten acht Verse, die
zugleich der erste geschlossene Teil des Sonetts sind, informieren in
einer Reihung von Akkusativobjekten -durch Relativsätze erweitert-
über das, was dem Ich verwehrt worden ist: etwas vom Himmel, ein
Geschenk oder Geschenke, etwas Wohltuendes, das dem Ich etwas
ermöglichen würde, das dem gegenwärtig Empfundenen entgegengesetzt
ist: Milde statt Trutz. Ferner ist das Verwehrte etwas nicht Sichtbares, etwas nur dem Ich Zugängliches, aber gleichzeitig hat es Kraft,
Intensität und Richtung: unsichtbarer Strahl, schallende Heimlichkeit.[139] Nochmals wird erklärt, dieses Verwehrte sei nicht von
dieser Welt ("englisch"), aber doch hat es zum Menschen engen Bezug,
ist ein "Menschenwerk". Dieses "englisch Menschenwerk" ist die erste
konkrete Aussage, die bisher über das Beschriebene gemacht worden ist:
Die verwehrten Gaben sind kein Gegenstand, kein Ereignis, sondern ein
"Werk".

Die Aussagen der nächsten drei Verse werden grammatisch nicht

---

[137] Kimmich, Diss., S.13.

[138] Marvin S. Schindler sieht in diesem Sonett-Einsatz "(a) bold,
provocative directness". The Sonnets of Andreas Gryphius. Uses of the
Poetic Word in the 17th Century. (Gainsville, 1971).

[139] s. dazu Sonett 191 "Du ungesehener Blitz/ du dunkelhelles
Liecht" und Wehrlis Interpretation. Wehrli ordnet diese Formel dem
Bereich der mystischen Lichtmetaphorik zu. (Max Wehrli, op.
cit.,S.579). Auch Kaiser verweist auf die mystische Tradition. (W.
Kayser, op. cit., S.113).

Auf die unverhinderliche Art der Edlen Dicht=Kunst.

Trutz/ daß man mir verwehr/ des Himmels
milde Gaben/
den unsichtbaren Strahl / die schallend' Heimlig-
keit/
das Englisch Menschenwerk; das in und nach der
Zeit/
wann alles aus wird seyn / allein bestand wird ha-
ben/
das mit der Ewigkeit/ wird in die wette traben/
die Geistreich wunder=Lust/ der Dunkelung befreyt:
die Sonn in Mitternacht / die Strahlen von sich
streut/
die man/ Welt=unverwehrt / in allem Stand kan
haben.
Diß einig' ist mir frey / da ich sonst schier Leib-
eigen/
aus übermachter Macht des Ungelücks/ muß seyn.
Es will auch hier mein Geist/ in dieser Freyheit
zeigen/
was ich beginnen würd'/ im fall ich mein allein:
daß ich/ O Gott/ dein' Ehr vor alles würd' erheben.
Gieb Freyheit mir/ so will ich Ewigs Lob dir geben.

Auf

Auf mein langwüriges Unglück.

Die * Warheit saget selbst in diesem Freu-
denspiele/
daß/ eh der Tag vergeht/ die Tugend siegen soll
mit samt der Dapferkeit/ und werden Freuden voll.
Ach' das mein Unglück auch wär bey seinem Ziele/
vor Zornes=Donner/ mir ein Gnaden Strahl
her fiele!
daß ich nur einst erführ'/ wie über Jrdisch wol
das Gut' auf Böses schmeck: das deinen Hasses
groll/
O unbarmherzigs Glück/ dein Muht an mir nicht
kühle.
Soll denn die Warheit selbst bey mir unwar-
hafft seyn/
unübertindlich auch mein Unglück nur allein?
Ach! so befihl' ichs dem/ der alle Sachen lenket/
das sie doch endlich gut / wie böß sie sehn / ausgehn.
Sein Raht (tobt Höll und Welt/) muß doch zu
letzt geschehn.
leicht hat GOtt zu erhöhn im Sinn / weil er ver-
senket!

* Die Warheit redet in einem an Keyserl. Hof
gehaltenen Schauspiel/ von der verspotteten Zau-
berkunst.

Trost

Auf die unverhinderliche Art der Edlen Dicht=Kunst.

Trutz/ dass man mir verwehr/ des Himmels milde Gaben/
den unsichtbaren Strahl/ die schallend' Heimligkeit/
das Englisch Menschenwerk; das in und nach der Zeit/
wann alles aus wird seyn/ allein bestand wird haben/

das mit der Ewigkeit/ wird in die wette traben/
die Geistreich wunder=Lust/ der Dunkelung befreyt;
die Sonn in Mitternacht/ die Strahlen von sich streut/
die man/ Welt=unverwehrt/ in allem Stand kan haben.

Diss einig' ist mir frey/ da ich sonst schier Leibeigen/
aus übermachter Macht des Ungelücks/ muss seyn.
Es will auch hier mein Geist/ in dieser Freyheit zeigen/

was ich beginnen würd'/ im fall ich mein allein:
dass ich/ O Gott/ dein' Ehr vor alles würd' erheben.
Gieb Freyheit mir/ so will ich Ewigs Lob dir geben.

mehr an die "Gaben" des ersten Verses angeknüpft, sondern an "das
englisch Menschenwerk", das dadurch -abgesehen von seiner Bedeutung
als konkrete Aussage- auch formal in den Vordergrund gestellt wird.
Dies Werk wird "Bestand" haben, -ein umfassend festlegender Ausdruck,
der Zeit wie Ort wie Festigkeit der Dauer anweist. "In und nach der
Zeit" deutet auf Vergehen der Zeit; "wenn alles aus wird sein" deutet
auf Vergänglichkeit allgemein; "Bestand" ist das Bleibende in diesem
Vorbeiziehen.

Aber schon die folgende Verszeile überhöht dies so positiv
charakterisierende Bild der statischen Dauer: Das Werk wird nicht nur
dauern, sondern "mit der Ewigkeit... in die Wette traben", das
heisst, in ewiger Bewegung sein und selbst mitwirken, die Zeit
unendlich fortzusetzen. Diese dynamische Formulierung ist noch ein-
drucksvoller als die ebenfalls wirksame statische.

Die Appositionen und Relativsätze, die das Verwehrte bestimmen,
setzen sich fort: "geistreich" ist es, wobei intellektuell wertende
sowohl wie religiöse Konnotationen hineinspielen, eine "Wunderlust".
"Wunder", wie sich immer wieder zeigen wird, ist in diesen Sonetten
nicht nur ein religiöser Terminus, sondern vor allem ein positiver
Wertungsausdruck, der Überirdisches, Übernormales, Herrliches von jenseits des Wirkungsfelds des Ich bezeichnet. Hier wird "Lust" so
gewertet, d.h. eine äusserst positive Empfindung knüpft sich an das
"Menschenwerk", die Dichtkunst.

Die "Wunderlust" ist "der Dunkelung befreit". Dieser Ausdruck
führt einen neuen und für den Rest des Sonetts zentralen Gedanken ein:
Befreiung, Abstreifen von Fesseln. Die "Sonn in Mitternacht" setzt
diesen Gedanken fort; denn über die deutliche positive Bedeutung von
Licht im Dunkel hinaus unterstreicht das Wort "Mitternacht" eine
Bedürftigkeit und Empfänglichkeit für dieses Geschenk, den Kontrast
des Zustands vor und nach Empfang der Gabe, sowie wie schliesslich

auch die wunderbare, d.h. übernatürliche, Wirkung des Geschenks. Dass man diese Strahlen "welt-unverwehrt...kann haben", d.h. soll haben können, bedeutet der Bildaussage nach, dass der Empfänger dieser Strahlen nicht eingekerkert oder in einen Schatten gezwungen sein darf, denn das sind die einzigen Umstände, die den Empfang von Licht und Wärme der Sonne vereiteln. Sonne in Mitternacht ist ein befreiendes Geschenk, das in Freiheit allein empfangen werden kann.

Der achte Vers rundet das Oktett ab, indem er eine Verbindung zum ersten herstellt und dasselbe Wort aufgreift, das eingangs die Protestursache erklärte:"...dass man mir verwehr..."; hier erscheint es erweitert in seiner Bedeutung: "weltunverwehrt". Das "Man" des ersten Verses ist die "Welt" des achten, und noch ein Aspekt der "Welt" erscheint im Sonett an dieser Stelle: "in allem Stand". Wörtlich heisst das, in jedem Zustand oder Lebensumstand; aber der "Stand" im Sinne von ständisch, gesellschaftlich, und auch der "Stand", die Position und Situation, die Rolle einer Frau, spielen mit. Die Gabe, das "Menschenwerk", kann man unabhängig von seinen begrenzenden Lebensumständen geniessen, -oder sollte man doch geniessen können; dem "Ich" ist der Genuss verwehrt worden; es protestiert, es zeigt, was man ihm verwehrt und wie wichtig es für sein Wohlbefinden ist, diese Gaben geniessen zu können, und es hebt im Protestton hervor, dass ihm Unrecht geschieht, dass man ihm ein Recht verweigert, wenn man ihm die Gaben vorenthält: "die man Welt= unverwehrt/ in allem Stand kan haben"; das soll als etabliertes Faktum verstanden werden.

Bevor der zweite Teil des Sonetts untersucht wird, der sich eng an den ersten anschliesst, soll noch einmal im Zusammenhang gezeigt werden, dass alle nebeneinandergestellten Aussagen, die die Art des Verweigerten klarmachen sollten und die einen so geraumen Platz innerhalb des Sonetts einnahmen, nicht sachlich erhellende Aussagen, sondern sprachliche Wertungen sind, die aus der subjektiven Sicht eines Ich ihren Ursprung nehmen.

46

Von Anfang an bezieht das Ich eine dominierende Stellung; es protestiert bereits, ehe es die Berechtigung seines Protests sachlich oder subjektiv dargestellt hat. "Trutz" ist der Hauptsatz der Aussage; alles Folgende hängt grammatisch davon ab. Aber die Abhängigkeit der Aussagen beschränkt sich nicht auf die Grammatik. Inhaltlich werden sie beladen mit Positivem. Ausgesprochen oder impliziert sind die wohltuenden Eigenschaften des Verweigerten ("mild"); vom "Himmel" geschickt (ohne vorwiegend religiöse Konnotationen an dieser Stelle, ebenso wie "englisch"); ein Strahl (was Positives wie Gnade, Sonne und Zielrichtung auf das Ich einbezieht); deutliche Spürbarkeit und gleichzeitig privater Besitz; Bestand hier wie im Jenseits und ewige Wirkung; höchste wohltuende Empfindung; voll Geist; etwas "Befreites", Helles und daneben etwas Befreiendes ("Sonn in Mitternacht"), Wirksames und Sichtbares ("die Strahlen von sich streut"), etwas von den Begrenzungen der Welt und ihren zufälligen Umständen Unabhängiges.

Dass das Ich das Verweigerte so "sieht" und diese Sicht darstellt statt das Verweigerte selbst, wird weiter unterstrichen durch die Serie von Paradoxen in Form von Oxymora, die in diesen acht Versen wesentliche Teile der Charakterisierung ausmachen.[140] Das erste Oxymoron in V.2, "unsichtbarer Strahl", ist zwar heute durch die Wellentheorie von Schall, Licht und Wärme erklärbar und deshalb für den modernen Leser kein Paradox mehr; für die Dichterin war es aber eines.

---

[140] Das Oxymoron ist ein beliebtes manieristisches Stilmittel. s. Hugo Friedrich, Epochen der italienischen Lyrik (Frankfurt a.M., 1964), S.217. Stieler empfiehlt es: "sehen wir also/ dass je wunderbarer und ungewöhnlicher diese Zusammenfügung ist/ je mehr Geist und Feuer sie zu erkennen gibt." Kaspar Stieler, Teutsche Sekretariat-Kunst (Nürnberg, 1673/74), Bd.I, Teil 2, S.130. Aber Therese Erb sieht hier mehr: "Die Paradoxie ist nicht nur eine Form des Witzes, sie kann auch Erlebnisausdruck sein, vor allem in der Sphäre des Religiösen. Darin liegt der Unterschied zwischen beiden Arten, dass das alienum das eine Mal Aussprache und das andere Mal berechneter Effekt ist." Therese Erb, "Die Poesie in der Dichtung von Barock und Aufklärung", (Diss. Bonn, 1929), S.46.

Das gleich darauf folgende Oxymoron der zweiten Vershälfte, "schallend
Heimlichkeit", verdeutlicht in seiner Parallelstruktur auch das erste.
Es geht einmal um intensive Aussage, d.h. um Wirkung, Impakt. Die
Paradoxe in "unsichtbarer Strahl" und "schallend Heimlichkeit" ziehen
Aufmerksamkeit auf sich, bevor man ihren Aussageinhalt aufnehmen kann.
Teile eines Gedichts, die so auffallen, tragen Betonung. Die Dichte-
rin hat kaum diese Betonung auf willkürlich ausgewählte Aussagen
gelegt; sie sagt etwas, das nicht überhört werden soll. So muss das
Oxymoron in einer Doppelfunktion verstanden werden: Impakt und Aus-
sagewert.

Wörtlich kann man ein Oxymoron kaum verstehen, weil dann seine
beiden Teile einander aufheben. Aber ein "unsichtbarer Strahl" ist
eine Aussage von Gehalt; es handelt sich um etwas Sichtbares oder
Fühlbares, etwas Geschicktes, das aus einer Kraftquelle seinen Ausgang
nimmt, das zielgerichtet ist und nur das Ziel berührt, etwas, das von
nicht Angestrahltem zwar beobachtet, aber nicht beeinflusst wird. Die
Unsichtbarkeit fügt dem Wert des Gesendeten noch eine Dimension zu:
es handelt sich um etwas wunderbar Privates.

Das zweite Oxymoron "schallend Heimlichkeit" sagt dasselbe chias-
tisch: Diesmal trägt das Adjektiv den Aussagegehalt: spürbar, hörbar
(vorher hiess es: sichtbar), und das Substantiv die Negation: Verborgenheit, Nicht-Öffentliches. In diesen beiden Paradoxen zusammen hat
das Ich diese Aussage gemacht: Es spricht von etwas Wirksamem, Wirk-
endem, das zugleich seinem Wesen nach spürbar und nicht spürbar (d.h.
sichtbar und unsichtbar / hörbar und heimlich) ist. Es wurde somit
bisher ausgedrückt, dass das Versagte privaten Charakter für das Ich
hat und mit Intensität gespürt wird, und dies ist durch den Gebrauch
von zwei aussageidentischen Oxymora betont worden.

Der folgende Vers bereits setzt diese Technik fort. Wieder wird
die Aufmerksamkeit auf eine Aussage gelenkt, in der inkongruente Teile

nebeneinander stehen, wodurch der Gehalt an inhaltlicher Differenzierung gewinnt. "Das englisch Menschenwerk" ist aber ein weit
weniger paradoxes Oxymoron als die vorangegangenen; die Aussage
stellt nur ganz an der Oberfläche ihre Teile gegeneinander in Frage.
"Englisch" kann als Wertungswort verstanden werden, nicht nur als Ausdruck, der Überirdisches und damit Gegensatz bedeutet. Freilich würde
auch eine wörtliche Lesung von "englisch" letztlich immer noch auf
positive Wertung herauskommen, denn ob von Engeln beeinflusst oder in
der Art ihnen nahekommend - es bleibt bei einer Überhöhung des Men-
schenwerks durch die Beziehung zu Himmlischem.

Das nächste Oxymoron schliesst sich an die Relativsätze an, die
-zusammen mit den Appositionen (in denen die Paradoxe konzentriert
sind), aber in weniger gedrängter Form- das charakterisieren und werten, was dem Ich verwehrt bleibt: "die geistreich Wunder-Lust". Hier
kontrastiert ein Gefühlswort ("Lust") mit einem Verstandeswort ("geistreich"), ein doppelt religiöser Bezug (Geist, Wunder) mit einem spezifisch menschlich- emotionalen (Lust), wobei es wie im "englischen
Menschenwerk" weniger um den Kontrast als um das Gleichzeitige von
polar Entgegengesetztem geht: Dieses beschriebene Verwehrte enthält
Positives aus entgegengesetzten Bereichen, was seinen Wert nur wieder
erläutert und erhöht.[141]

Schliesslich erscheint ein letztes Oxymoron vor dem letzten Rela-
tivsatz: "Die Sonn in Mitternacht", das wieder durch Kontrast- Aussage
Positives überhöht und mit Wunderbarem, Überirdischem in Verbindung
setzt.

Die Bedeutung des Verwehrten ist sprachlich -in Satzkonstruktion,
Bildaussage und rhetorischem Kunstgriff- auf die Sicht des Ich

---

[141] s. zum Vergleich das in der Sammlung diesem Sonett
vorangestellte Sonett 87, in dem das Ich sich ebenfalls direkt zum
Thema Dichtkunst äussert.

bezogen. Eingeschlossen sind diese Aussagen in den Protest des Ich, das allem voran seine Rebellion herausruft und seinen Protest abschliesst mit einer Grundsatzerklärung über die Unrechtmässigkeit des Geschehenen: Unverwehrt in allem Stand soll das dem Ich so wichtige sein. Dieser erste Teil des Sonetts stellt eine gedanklich und argumentativ geschlossene Einheit dar. Der zweite Teil muss neu ansetzen, die Unzufriedenheit des Ich mit seinem "Stand" und seine Wünsche zum Ausdruck zu bringen.

Dieser neue Ansatz zeichnet sich zunächst und vor allem durch direkte Äusserungen des Ich über seine Situation und sich selbst aus: Hier finden wir keine subjektive sprachliche Formung mehr, sondern eine nahezu sachliche Darstellung, die allerdings mit rhetorischen Mitteln (figura etymologica: "übermachte Macht"), Akzenten und Betonungen den Protestton beibehält. Auch der Gedanke, den Verse 6-8 in ihren Bildern nur umspielten, "frei", erscheint jetzt ausgesprochen und betont in seiner Gegenüberstellung mit "leibeigen" in der anderen Alexandrinerhälfte. Wiederholungen dieses Wortes "frei", "Freiheit" bis zum Sonettende erhellen seine zentrale Stellung in diesem Sonett-Teil: Direkt oder in Negation oder Umschreibung erscheint es in jedem Vers (mit Ausnahme von V.13, der in feierlichem Ton sich auf Gottes Ehre bezieht).

Inhaltlich finden wir eine Überraschung in "Dies einig ist mir frei". Bisher war nicht die Rede davon, dass das Ich im Besitz irgendwelcher Freiheit sei; eher folgt aus dem Vorausgegangenen die Leibeigenschaft desselben Verses. Aber was bedeutet das "sonst", was das "auch hier" und "in dieser Freiheit" derselben Strophe? Es scheint eine beschränkte, bedingte Freiheit für das Ich zu existieren: "Dies einig ist mir frei" heisst, nur in dieser einen Sache kann es ohne Restriktion handeln. Die Beschränkungen des Ich, die sich schon in der ersten Sonetthälfte als Welt-, Umwelt-Störungen abzeichneten ("man" V.1, "welt-unverwehrt" V.8, "Stand" V.8), sind hier noch

50

genauer bezeichnet: "leibeigen" ist die Umschreibung für eine Art Versklavung, d.h. Unfreiheit, die aber bezeichnender Weise nur einen Teil der Person des Ich beschränkt, den Leib, so dass der Geist sein eigener Herr bleibt und unabhängig handeln kann - und tatsächlich handelt: "Es will...mein Geist in dieser Freiheit zeigen..."(V.11). Leib und Geist fungieren hier nicht als unlösbare Einheit; der "Geist" des Ich bewegt sich in "dieser Freiheit (und das ist nicht dasselbe wie "in Freiheit"), was vom Leib nicht gesagt werden kann. Die Leibeigenschaft wird begründet, aber die Ursache wird eher in Quantität als in Qualität charakterisiert: "Aus übermachter Macht des Ungelücks".

"Unglück" erscheint immer wieder in Catharina von Greiffenbergs Dichtung; man könnte es ihr Leitmotiv nennen. Wir werden seine Funktion in einem eigenen Kapitel behandeln. An dieser Stelle genüge es, es als vagen, negativen Ausdruck für widrige Umstände zu sehen und es nur aus den übrigen Bezeichnungen für Negatives zu erklären: Äussere Lebensumstände, Menschen ("man"), versklaven ein Ich, üben eine derartige Macht aus ("übermachte Macht"), dass es sich selbst nicht befreien und nur das Beste in seiner Situation tun kann, indem es sich auf das besinnt, was ihm innerhalb des Gegebenen möglich ist: Es kann seinen Geist handeln lassen, ihn eine beschränkte Freiheit ausüben lassen. Diese Subjektstellung von "mein Geist" folgt zwar logisch aus dem "sonst schier leib eigen", ist aber dennoch eine betont "unpersönliche" Wendung, die ihrerseits neu herausstellt, dass das Ich als Gesamtperson nicht "in dieser Freiheit" mitagieren kann.

Diese beschränkte Freiheit auszuüben, ist das einzige dem Ich in der Gegenwart überhaupt Mögliche: wenn auch nur ein Teil des Ich beteiligt wird, ist das doch von höchster Bedeutung: Drei Verse des Sonetts befassen sich mit dieser beschränkten Freiheit und weisen alle auf das Resultat, das das zweite Terzett des Sonetts ausfüllt: Der "Geist" des Ich benutzt die ihm erlaubte, beschränkte Freiheit dazu auszudrücken, was das Ich mit unbeschränkter Freiheit anfangen würde.

Das bedeutet, dass die beschränkte Freiheit des Ich eine Aussagefreiheit darstellt, - das sonst so eingeengte Ich kann wenigstens etwas "zeigen", kann sich über seinen unfreien Zustand beklagen und gleichzeitig demonstrieren, was es mit voller Freiheit beginnen würde. Die beschränkte Freiheit ermöglicht Aussprache sowohl wie Überzeugungsversuche, die zur vollen Freiheit führen sollen. In jedem Fall handelt es sich bei der Ausnutzung dieser beschränkten Freiheit um Äusserungen, um Sprachliches.[142]

Verse 9 bis 12 haben ihre Aussagen auf einen Höhepunkt hin gespannt: Was würde das Ich mit völliger, unbeschränkter Freiheit beginnen (Irrationalis - es hat sie nicht und sieht sich weit davon entfernt): Es würde Gottes Ehre über alles erheben; d.h. wenn es frei wäre, mehr zu tun als jetzt möglich, würde es wieder sprechen, aber in dem Fall nicht über sich selbst, sein Vorhaben, seine Schwierigkeiten, sondern es würde Gotteslob sprechen. Die Verbindung mit einer direkten schlichten Bitte an Gott wiederholt und intensiviert diesen Gedanken: "Gib Freiheit mir, so will ich ewigs Lob dir geben", was aber auch nur als Gelöbnis der Dankabstattung gemeint sein kann. Dies ist der letzte Vers des Sonetts. Er trägt sowohl durch seine Stellung am Schluss als auch durch die einfache Sprache, die die Aussage auf ihren baren Gehalt reduziert, den stärksten Ton: Wenn ich frei bin, will ich dich loben; um dich loben zu können, musst du mir Freiheit schenken.[143]

---

[142] Obgleich diese beiden Arten von Freiheit an Luthers Von der Freiheit eines Christenmenschen erinnern, handelt es sich hier doch um etwas anderes: Die "geistige" Freiheit, von der hier die Rede ist, steht im Gegensatz zu der Luthers in enger Beziehung mit dem Drang des Menschen, sich von irdischen, diesseitigen Nöten zu befreien. Der Glaube allein genügt nicht, sich dieser Freiheit zu erfreuen; sie wird realisiert im Aktivieren und Sichtbarmachen geistiger Kräfte im Werk.

[143] Catharina gibt dem letzten Vers häufig eine besondere Wendung oder überraschende Formulierung, spitzt ihn zu, bisweilen bis zu einer Pointe, oder konzentriert darin den Hauptgedanken präzise und sentenzenhaft. S. dazu F. Strich, Abhandlungen zur deutschen Literatur-

Das Ich hat einen Ausweg aus seinem "Trutz" gefunden;[144] sein Protest hat sich in Bitthaltung verkehrt. Aber bescheiden und demütig wird hier nicht gebeten; fast klingt der Lösungsvorschlag wie ein Handel. Der Wert des Erbetenen für das Ich ist deutlich; nicht nur handelt es sich um Befreiung und Freiheit, sondern daran knüpft sich ein ganzer Satz positiver Gehalte, mit einem "Werk" verbunden, die zu bezeichnen den Hauptteil des Sonetts eingenommen hat. Die Gegenleistung des Ich für den Spender all dieses Ersehnten hält sich sprachlich in engen Grenzen: die letzten zwei Verse bezeichnen es, einmal in feierlichem Ton, aber mit einem Minimum von Inhalt: "Dass ich, O Gott, dein' Ehr vor alles würd erheben", und das zweite Mal sachlich und knapp: "So will ich ewigs Lob dir geben." Diese Gelöbnisse sind so formelhaft und unspezifisch, dass nur der Gesamtzusammenhang des Sonetts deutlich macht, dass das Ich von Lob und Ehre vermittels seiner Freiheitsausübung in einer höheren Form, in seiner Kunst, spricht.

Es bleibt auffallend, dass nach einer so geschickten Ausbeutung der sprachlichen Möglichkeiten für die vorangehende Aussage hier der religiöse Gehalt völlig ungeprägt und ganz auf der Sprachoberfläche bleibt.

Der zweite Teil des Sonetts wirft bei aller syntaktischen Einfachheit, Bilderarmut und Aussage-Direktheit für die Interpretation ein Problem auf: Das Ich spricht von eingeschränkter Freiheit: " dies einig ist mir frei", "in dieser Freiheit", und bittet darum, "mein allein" zu sein, was es dann mit "Freiheit" gleichsetzt. Es ist sich also zwei verschiedener Arten von Freiheit bewusst, die aber alsdann nicht so verschieden aussehen, weil das Ich beide zum Sprachausdruck

---

geschichte (München, 1916), S.249.
[144] "Die Häufigkeit des Trutz-Rufens ist beachtlich... Ein eminentes Selbstbewusstsein wird hier vernehmbar, es ist aber ein Selbstbewusstsein, das erst aus der Opposition erwächst". Frank,

verwenden will; es scheint sich vielmehr um Gradunterschiede von
Freiheit zu handeln, die verschiedene Dichtkunst ermöglichen. Die
beschränkte Freiheit ermöglicht es nur dem "Geist" des Ich, an der
Ausübung der Kunst teilzuhaben; die unbeschränkte Freiheit bezieht
das Ich ungeteilt ein. Die beschränkte Freiheit erlaubt, etwas zu
zeigen, Wünsche und Absichten zu verwirklichen. Bei aller
Eingeschränktheit besitzt das Ich die erste Art Freiheit und damit die
erste Art der Dichtkunst: Es kann sich ausdrücken. Die zweite Freiheit
muss als Geschenk von Gott erbeten werden und bewirkt dann ein
weiteres Geschenk, die zweite Art Dichtkunst, von der eingangs eine so
ausführliche Bewertung gegeben wurde, und zwar die, die das Ich mit
Himmlischem, Wunderbarem (nicht nur im religiösen Wortverstand) in
Verbindung setzt, die Ewigkeitsdauer und -wirkung hat (V.4/5 sowie
V.14).

Die Schwierigkeit für die Interpretation besteht nicht darin,
diese beiden Arten von Freiheit zu differenzieren, sondern darin, eindeutig erklären zu können, dass das Resultat der Gewährung der
zweiten, umfassenden Freiheit sich allein auf Gotteslob auswirken
soll. Natürlich bedeutet es weit mehr, wenn ein Ich in völliger Bin-
dungslosigkeit, im Vollbesitz seiner selbst kein anderes Ziel hat, als
die Ehre Gottes zu erheben, als wenn es eine beschränkte
Ausdrucksmöglichkeit dazu verwendet und von freiem Willen dabei nicht
die Rede sein kann. Aber es bleibt die erste Sonetthälfte mit ihren
Ich-bezogenen Aussagen dazu im Widerspruch, die die Dichtkunst, das
"englisch Menschenwerk", nicht ein einziges Mal als Möglichkeit der
Verherrlichung Gottes, sondern durchgehend als für das Ich wichtig
darstellte. Es ist folgerichtig, deshalb die Aussage der letzten
Strophe schwächer zu lesen und zu diesem Ziel das "auch" des
vorangehenden Verses betont zu verstehen: Hier wird ein Gedanke an
den anfangs ausgeführten angehängt und nur als zusätzliches Argument

---

Diss., S.186.

benutzt; dem Ich geht es vor allem um uneingeschränkte Ausübung seiner Kunst um seiner selbst willen, aber das Argument religiöser Dichtung verleiht seinem Anliegen Gewicht. Es ist ein noch weit überzeugenderes Argument als das von dem unverletzlichen Menschenrecht; es wird aber nur angeführt, nicht ausgeführt. Die sprachliche Formelhaftigkeit deutet darauf hin, dass keine intensive eigene Verarbeitung des Gesagten in das Sonett eingegangen ist; sprachlicher Reichtum dagegen weist auf Anteilnahme an dem Aussagegehalt.

Ob das Ich dieses Sonetts gedichtetes Gotteslob als höchste Form seiner Freiheitsverwirklichung meint oder nur als eine Form der höchsten Freiheitsverwirklichung in der Dichtkunst allgemein, bleibe hier noch dahingestellt. Entscheidend ist zunächst, dass das Ich seine Einstellung klarstellt, dass es sich als urteilendes, protestierendes und entsprechend handelndes (d.h. sprechendes, bittendes) Ich darstellt, dass deshalb alle seine Aussagen auf es selbst bezogen sind, deutlich von seiner "Sicht" gefärbt oder in Wunsch-, Protest- oder Bittform gekleidet, beziehungsweise im Irrationalis als unwirklich hingestellt werden. Hieraus folgt, dass es sich bei diesem Sonett um Lyrik im eingangs definierten Sinne handelt.

Alsdann ist es von Interesse, dass das Sonett auch inhaltlich nicht allgemeingültige Wahrheiten verkündet (die nur der Form -Sprachform- nach ja subjektives Gesicht hätten tragen können), sondern dass der Gehalt des Sonetts auf einen ganz spezifischen Sonderfall reduziert werden kann: Alles Wünschen und Trachten eines Ich kreist um die Dichtkunst; seine Problematik ist die Problematik eines Dichters; seine Wünsche, Werte, Besessenheit knüpfen sich an die Ausübungsmöglichkeit seiner Kunst. Dabei muss betont werden, dass nicht das dichterische Produkt selbst zur Diskussion steht, sondern die idealen Voraussetzungen für Schaffen, für das Werk. Ideale Schaffensbedingungen werden mit dem höchsten positiven Wertungswort belegt: Freiheit. Aber es handelt sich hier um ein tätiges Ich, das unter weniger günstigen Umständen nicht kapituliert, sondern dennoch seine Kunst ausübt -im vollen Bewusstsein seiner Beschränkung und zu klarem Ausdruck seines Protests. Dieses Sonett zeigt uns ein Ich, das eine differenzierte Auffassung von Dichtkunst hat: <u>Ideale</u> Bedingungen, die ihm rechtmässsig zustehen, könnten ihm ein Werk ermöglichen, das höher, dauerhafter und wirksamer als "alles" wäre. Unter <u>beschränkten</u> Umständen entsteht immer noch ein Werk, das das Ich über seine Gebundenheit erhebt und das ihm als Gefäss für den Ausdruck seiner Wünsche, Absichten, Bitten dient. In völliger Schaffensfreiheit würde das Ich Bedeutenderes leisten; aber ohne die Möglichkeit, in beschränkter Freiheit auszusagen, wäre es völlig leibeigen. Solange "man", die "Welt", der "Stand" die höchste Freiheit verweigern und Gott sie nicht schenkt, muss sich das Ich mit der Erleichterung in beschränkter Freiheit begnügen: mit der Gestaltung von Klage und Protest als Weg zur höchsten Freiheit, als Einflussnahme auf das Ersehnte. "Trutz" ist ihm eine Milderung seiner Umstände; die Bitte um letzte Freiheit ist schon der Genuss einer geringeren.

Sonett 243 stellt dem Titel wie der äusseren Erscheinungsform nach einen Kontrast zu Sonett 88 dar. Bei solcher Verschiedenheit der Anlage gewinnen Gemeinsamkeiten der Aussage besondere Signifikanz. Dieses Sonett hat kein "Ich", sondern einen Sprecher. Das Thema bezeichnet zumindest auf der Oberfläche keinen Raum in der inneren Welt eines Menschen, ist vielmehr an ein Phänomen der äusseren Welt geknüpft, an eine Jahreszeit, den Herbst. Der Sprecher verleiht dem Herbst aber, der Mode des siebzehnten Jahrhunderts entsprechend, personale Qualitäten, indem er ihn anspricht. Als Anlass oder Auslöser dieses Sonetts lässt sich ein Emblem denken, auf dem eine Gestalt Früchte (V.1), Äpfel (V.2), aus einem Horn (V.9) schüttet. Entsprechend dem stereotyp erscheinenden Thema "Auf die fruchtbringende Herbst-Zeit" enthält das Sonett wohlbekannte Wörter und Konzepte: Freude über den Früchtebringer (V.1), der Herbst als "Grünungs-, Blüh-Ziel" (V.2), Erfüllung von Hoffnung (V.3), Bringer

Auf den Kornschnitt.

Schneidet/schneidet ab mit Freuden / was
der milde Himmel gibt/
die verguldte Lebens-Kron/sechsnet ietzund in die
Scheuren:
GOtt wird sie/wie auf dem Feld / segnen auch in
euren Mäuren.
Dem Allwesenden/durch diese/auch zu uns zukom-
men liebt.
Die vermenschet Allheit nachmals / in dem
Brod/in uns sich schiebt/
bey dem GOttes-Wunder-Tisch / durch ihr star-
kes Lieb-anfeuren.
Dieses GOtt-nit Engel-Brod/ laß die Sünde
nicht versauren!
Ewig es begabt und labet / alles anders bald ver-
stäbt.
Zwar es ist hoch dankens wehrt / auch das
leiblich Segen-geben.
Doch ach! was die Seel ergetzet / äusserst zu er-
wünschen ist.
Schatten/Pfeil/und Flügel-Art ist / mit seinem
Gut/diß Leben.
Gib mir / was du wilt/ von diesem: nur das/
was du selber bist/
Seeligkeit und Ewigs Gut / bitt ich / mir nit zu-
versagen.
Wer nur nach dem Höchsten zielt/ wird das kleine
schon erjagen.
                     Au

Auf die Fruchtbringende Herbst-Zeit.

FReud-erfüller / Früchte-bringer/ vielbeglückter Jahres-Koch/
Grünung-Blüh und Zeitung-Ziel/ Werkbeseeltes
Lustverlangen!
lange Hoffnung / ist in dir in die That-Erweisung
gangen.
Ohne dich / wird nur beschauet / aber nichts genossen noch.
Du Vollkommenheit der Zeiten! mache bald
vollkommen doch/
was von Blüh' und Wachstums-Krafft halbes
Leben schon empfangen.
Deine Würkung kan allein mit der Werk-Vollziehung prangen.
Wehrter Zeiten-Schatz! ach bringe jenes blühen
auch so hoch/
schütt' aus deinem reichen Horn hochverhoffte
Freuden-Früchte.
Lieblich süsser Mund-Ergetzer! lab' auch unsern
Geist zugleich:
so erhebt mit jenen er deiner Früchte Ruhm-Gerüchte.
zeitig die verlangten Zeiten/ in dem Oberherr-
schungs-Reich.
Laß die Anlas-Kerne schwarz/ Schickungs-Aepffel
safftig werden:
daß man GOttes Gnaden-Frücht froh geniest
und isst auf Erden.   Christ-

Auf die Fruchtbringende Herbst=Zeit.

FReud=erfüller/ Früchte=bringer/ vielbeglückter Jahres=Koch/
Grünungs=Blüh und Zeitungs=Ziel/ Werkbeseeltes Lustverlangen!
Lange Hoffnung/ ist in dir in die That=Erweisung gangen.
Ohne dich/ wird nur beschauet/ aber nichts genossen noch.

Du Vollkommenheit der Zeiten! mache bald vollkommen doch/
Was von Blüh' und Wachstums=Kraft halbes Leben schon empfangen.
Deine Würkung kan allein mit der Werk=Vollziehung prangen.
Wehrter Zeiten=Schatz! ach bringe jenes blühen auch so hoch/

schütt' aus deinem reichen Horn hochverhoffte Freuden=Früchte.
Lieblich süsser Mund=Ergetzer! lab' auch unsern Geist zugleich:
so erhebt mit jenen er deiner Früchte Ruhm=Gerüchte.

zeitig die verlangten Zeiten/ in dem Oberherrschungs=Reich.
Lass die Anlas=Kerne schwarz/ Schickungs=Aepffel safftig werden:
dass man GOttes Gnaden=Frucht froh geniest und isst auf Erden.

von Genuss (V.4) und "Früchten" (V.9/11/14). Auch in den Wortbil-
dungen spürt man die Mode der Zeit: "Jahres=Koch"(V.1),
"Zeiten=Schatz"(V.8), "Mund-Ergetzer"(V.10) u.a.m. sind bei allem
Bemühen der Dichterin um Neuheit des Ausdrucks Gemeingut des
siebzehnten Jahrhunderts.

Aber ein Blick hinter die zeitgenössische Oberfläche enthüllt,
dass sich die Aussage des Sonetts nicht dort erschöpft, wo Modethema
und Epochestil walten. Schon nach dem ersten Quartett wird das Thema
der Freude über die Erfüllung, die aus der Fortentwicklung des Jahres
von Blüten- zu Früchtezeit resultiert, abgewandelt, und nur noch die
Bilder füllen den gegebenen Rahmen aus. Aber auch sie stehen danach
für einen neuen Aussageinhalt. Der Umschlag zeigt sich deutlich im
Wechsel des Tempus, nicht des grammatischen, sondern des semantischen
-Präsenz kann in der deutschen Sprache Gegenwart wie Zukunft bedeuten.
Das erste Quartett enthält in den ersten zwei Versen kein Verb, da
diese nur Anrede und Ausruf darstellen, was eine Präsenz-Situation
voraussetzt. Als Begründung der Gefühlsstimmung wird eine Perfekt-
Präsenz-Konstruktion angefügt, die Vergangenheit und Gegenwart
verbindet:"...Hoffnung ist gangen ". Der vierte Vers beschreibt eine
allgemeine, zeitlose Wahrheit und bedient sich der dazu üblichen
Präsenzform.

Das zweite Quartett, ohne grammatisch aus der Gegenwartssituation
auszubrechen, die das erste Quartett bestimmt hat, verlegt dennoch den
Ort seiner Aussagen in die Zukunft, indem diese von Bitten abhängig
gemacht und als in der Gegenwart nicht realisiert dargestellt werden.
Das Sonett besteht vom zweiten Quartett an durchgehend nur aus Bitten
und Darstellungen des Zustands nach der Gewährung dieser Bitten. Das
mutet überraschend an, da Erfüllung in V.3 als gegeben dargestellt
worden ist und Freude vom ersten Wort an die Grundstimmung zu sein
scheint. In beiden die Terzette rahmenden Versen (V.9 und V.14) finden wir wieder "Freude", völlig unabhängig von etwas, das die

Gegenwart noch nicht bietet: dem Genuss von "Früchten", die noch nicht gereift sind.

Durchgehend ist der "Herbst" Empfänger der Anrede. Das Sonett verlässt den allgemeinen Grund nach der Eingangsstrophe, nachdem das Thema "Fruchtbringender Herbst", "Erfüllung des Jahres", knapp und wörtlich erfüllt worden ist. Was danach beibehalten wird, sind die Subjektive und Adjektive, die, formal im Bild bleibend, die folgenden Aussagen an diesen Ausgang binden und die den allgemein nachempfindbaren Gefühlswert übertragen, -aber auf Inhalte übertragen, die jenseits des Konkreten liegen und auch jenseits der Gegenwart des Sonetts. Was sich scheinbar im Thema als Erfüllung darbietet, wandelt sich in Versprechen; was wie Freude klang, wird zu Bitte und Erwartung.

Die Bedeutung des so Ersehnten und Erbetenen für den Sprecher wird seiner spezifischen Eigenart nach nirgendwo völlig deutlich, aber desto klarer zeigt sich sein Wert: Etwas soll "vollkommen"(V.5) gemacht werden, "Leben" -und zwar mehr als halbes Leben- empfangen (V.6), es soll vollendet werden ("Werk-Vollziehung", V.7), hoch blühen (V.8), es ist hocherhofft (V.9), mit Freude verbunden (V.9), es erfreut den Geist (V.10). "Geist" steht hier in Kontrast zu "Mund"; der konkrete Herbst befriedigt den Körper, der "Herbst" im übertragenen Sinn, der nur generell als Bringer von Ersehntem verstanden werden kann, soll dem Geist -einem anderen Aspekt der ganzen Person- wohltun, damit dieser Geist seinerseits wirken kann. Das Ersehnte und Erbetene bringt das Verlangte (V.12), ist "schwarz"(V.13) -das heisst in diesem Bilde soviel wie reif und vollendet- und "saftig" -was dasselbe sagt- und verhilft zu Freude und Genuss (V.14).

Diese positiven Wertungsausdrücke für das Erbetene erlauben Rückschlusse auf den gegenwärtigen Zustand, in dem sich der Sprecher sieht: Solange Vollkommenheit und Vollendung ersehnt werden, sind sie noch nicht erlangt. Das "halbe Leben" der Gegenwart -im Sonett direkt bezeichnet- wird als eine Vorstufe zum Ersehnten gesehen; es wird auch gesagt, wie es zu dieser halben Zielerlangung kommt: Etwas (das Etwas, um das es hier immer geht) hat einen schönen Anfang gehabt und sich entwickelt und hat aus der diesen Stadien zugeordneten "Kraft" seinen Zustand halber Erfüllung erlangt. "Blüh- und Wachstums-Kraft" sind aber nicht ausreichend, es wird um mehr gebeten; das Wort "Frucht" ist die logische Ergänzung dieses Bildes, wird aber erst später ausgesprochen. Der folgende Vers umschreibt denselben Inhalt ganz abstrakt: "Werk-Vollziehung" fehlt dem Sprecher, der "Herbst" soll ihm dazu verhelfen.

Es fällt auf, dass diese Hilfe nur indirekt geleistet werden kann: die "Wirkung" des Herbstes kann diese Frucht stolz darbieten (damit "Prangen"). Tatsächlich zeigt es sich, dass der Sprecher an keiner Stelle seiner Bitten den Herbst selbst als Spender des Ersehnten sieht, sondern nur als Bewirker oder Auslöser von etwas schon Vorhandenem, von anderswoher Bestimmtem: Im Bild bleibend, erfüllt der Herbst nur das, was im Frühjahr seinen Anfang genommen und den Sommer über genährt worden ist; in diesem Bild sowohl wie in der Übertragung ist der "Herbst" eine fort- und zur Vollendung führende Stufe in einem Prozess, der ausserhalb seiner selbst den Anfang genommen hat und den er nur beeinflusst. "Mach vollkommen", was schon vorher entscheidende Impulse empfangen hat ("Kraft", "halbes Leben"); gib "deine Wirkung"; "bringe" Blüte zur vollen Entfaltung; "schütt" Früchte aus; "zeitig die verlangten Zeiten" -d.h. bring das zum Abschluss, was ersehnt wird, bring es hervor-; "lass" die Früchte reifen -alles Aktionen, die etwas schon vorher Begonnenes fortsetzen oder auf etwas Vorhandenes einwirken.

Da der "Herbst" auch in übertragener Bedeutung nicht wirklich eine handelnde Person, sondern ein personifizierter Prozess ist, dient dies Konzept dem Sprecher als Katalysator für etwas "Hocherhofftes".

Im dichterischen Wort ist ja erst dieser Herbst geschaffen und ihm eine Wirkung beigeordnet worden, die der Sprecher zweifelsohne hervorbringen möchte. Indem er den "Herbst" beschwört, etwas für ihn zu tun, beschwört er seine eigenen Worte, sein eigenes Konzept. Die "Vollendung" kann also nur durch den Sprachprozess selbst erreicht werden; etwas für den Sprecher schon vor der Aussage Reales wird durch diesen Sprach- und Aussagevorgang beeinflusst. In der Darstellung von "Herbst" als Erfüllung und Vollendung eines Gegebenen kann sich das Ersehnte erfüllen; sie dient als Mittel, es zu erreichen: Der Gestaltungsprozess ist ein Weg zum Ersehnten.

Wie schon in Sonett 88 findet sich ein Ich -hier ein Sprecher, der sich hinter der direkten Rede verbirgt- in einer Lage, die es verändern möchte. Den zwei Stufen von "Freiheit", die dort differenziert wurden, entsprechen hier zwei Stufen von "Freude": die erste Stufe ist die der Gegenwart, die zweite liegt wieder in der Zukunft und wird ersehnt, ja, hier in immer neuen Wendungen, die alle dasselbe ausdrücken, erfleht. "Diese" Freiheit aus Sonett 88 entspricht dem "halben Leben" hier. Es gibt hier auch zwei verschiedene Arten "Früchte", die des "Herbstes" und "jene": "So erhebt (unser Geist) mit jenen seiner Früchte Ruhmgerüchte", d.h. diejenigen, die mit dem in dem Sonett Gestalteten in Zusammenhang stehen und dort bereits realisiert werden, und die, welche das Gestaltete hervorbringen möchte, das heisst, die erst über den Gestaltungsprozess realisiert werden können. Das Erbetene steht in Verbindung mit einem der "Erde" des letzten Verses übergeordneten Bereich, einem "Oberherrschung-Reich", auf das Einfluss genommen werden muss, "Dass man Gottes Gnadenfrucht froh geniesst und isst auf Erden". Als letztes Ziel erscheint also die Vereinigung der beiden Bereiche, um beide Freuden gleichzeitig zu erfahren, d.h. die Wirkung des hier stattfindenden Prozesses mit dem Prozess selbst zusammenzulegen, in ein und derselben Gestaltung Irdisches und Himmlisches, Gegenwärtiges und Zukünftiges, Besessenes und Erhofftes auszudrücken und dadurch sowohl irdische als

auch himmlische Freude zu geniessen und halbes in ganzes Leben zu
erweitern. Wenn der "Geist" gelabt worden ist durch den "Herbst",
d.h. durch den hier vollzogenen Sprachprozess, dann ist das möglich:
"So erhebt mit jenen er deiner Früchte Ruhm-Gerüchte". Der Ausdruck
"Geist" erinnert an Sonett 88; auch das Zurückhalten von religiösem
Gehalt, der sich mit dem Ersehnten erst ganz zum Schluss des Sonetts
verbindet, findet sich hier wie in Sonett 88: Das letzte Terzett und
besonders der letzte Vers sprechen formelhaft von Gott und beziehen
ihn ein, - ob zur Überhöhung und Verstärkung des Arguments, als Rechtfertigung einer persönlichen Bitte durch die religiöse Dimension oder
als mit dem Ersehnten unlöslich Verbundenes, ist nicht deutlich. Das
Ersehnte ist dem Besessenen übergeordnet; sich ihm zu nähern, dient
der Sprach- und Gestaltungsprozess. Aus dem bisher Gesagten erhellt
sich schon, dass das Ersehnte aber nicht nur durch die positive Wertung des Sprechers der "Früchte" an dasselbe Konzept vom Abschluss
eines Reifeprozesses geknüpft wird. Es ist deshalb die Vermutung
berechtigt, dass das Ersehnte eine Fortsetzung, eine höhere Stufe des
Gegenwärtigen darstellt, was bedeutet, dass es ebenfalls Sprachausdruck ist, mit dem "Werk" des zweiten Verses in Verbindung steht, das
in seinem Zusammenhang unmotiviert bleibt und erst in solcher Deutung,
im Bezug zu den ersehnten "Früchten", einen Sinn annimmt. Diese Deutung wird von V.6 unterstützt: (Mache bald vollkommen doch) "Was von
Blüh- und Wachstums-Kraft halbes Leben schon empfangen". Noch einmal
stehen "Werk" und Vollendung zusammen gar in demselben Substantiv:
"Werk-Vollziehung" kann der Herbst bewirken.

Diese Deutung des "Hochverhofften" als eine Vervollkommnung des
Sprechens zu sehen, als eine höhere Form desselben, soll nicht überbetont werden, da aus dem Zusammenhang dieses Sonetts nur vermutet,
nicht aber bewiesen werden kann, dass "Werk" und "Werk-Vollziehung"
Dichtung bedeuten und dass das Geniessen von "Gottes Gnaden-
Frücht(en)" der Realisierung der Wünsche, die sich aus der Dichtkunst
ableiten oder in ihr erfüllt werden, entspricht, obwohl sich diese

Deutung in Verbindung mit Sonett 88 sowohl wie vielen anderen und auch aus dem Zusammenhang der Sonettsammlung unterstützen lässt, wo immer wieder die Begriffe Gotteslob und Früchte auftauchen.

Was sich aber aus diesem Sonett selbst erhellt, ist die Bedeutung des Sprachausdrucks als Werkzeug und Mittel, auf Ersehntes Einfluss zu nehmen, es zu verwirklichen. Die Gestaltung des Sinnträgers "Herbst" und seine Beschwörung, dieser sprachliche Ablauf, mutet an wie eine Inkantation, fast wie das Rezitieren von Galster und Spel eines germanischen Zauberspruchs, Magie durch Analogie: Im Aussprechen, im Gestalten des Ersehnten wird auf dasselbe Einfluss genommen. Der sprachliche Gestaltungsvorgang hat zentrale Bedeutung für den Sprecher; seine innere Welt, seine Wünsche und Ziele stehen -unabhängig von ihrem Gehalt- mit diesem in wesentlicher Verbindung; nur über diesen Prozess kann eine Annäherung und völlige Besitzergreifung des Ersehnten stattfinden, das in Vorstufen schon verwirklicht ist ("Vollendung", "halbes Leben", "schon", "Reifen", etc.).

Es ist bisher in diesem Sonett immer nur von einem Sprecher die Rede gewesen, dessen Anliegen ausgedrückt wurden, der sich aber nicht direkt als "Ich" darbietet. Dieser Sprecher ist aber ein "Ich", was allein aus seiner Sprechhaltung schon hervorgeht und was nach der Analyse des Aussagegehalts des Sonetts völlig deutlich wird: Hier handelt es sich um die Aussage eines Individuums, die sich in Gehalt sowohl wie in den Voraussetzungen ihrer Gestaltung auf dieses Ich zurückbezieht. In diesem Sonett ist ein spezifisches Erlebnisfeld, das eines Dichters, ausgedrückt, das seine Impulse aus keinem Kollektivempfinden bezog.

Ein Rückblick auf Sonett 88 verdeutlicht, dass der lyrische Gehalt von Sonett 243 sich nicht sogleich offenbart, sondern weit indirekter als in Sonett 88 dargeboten ist. Bereits das Thema verlegt zunächst (aber nur vorübergehend) die Blickrichtung auf einen Bereich ausserhalb des Menschen, macht das Sonett zu einer Art Dinggedicht oder Bildbeschreibung, was keine subjekt-gebundene Aussage anzukündigen scheint. Alsdann erweckt das äussere Gewand -die barocke Erscheinungsform, das Festgelegte, Formelhafte in der Sprache- den Eindruck, es handele sich hier um ein prunkendes, aber inhaltsarmes Gedicht im Stil der Zeit. Es stellt sich erst allmählich heraus, dass das Thema und die mit ihm eingeführten Bilder in ihrer Aussage abgewandelt werden, bis sie nur noch eine äusserliche Verbindung mit ihrer ursprünglichen Bedeutung bewahren. "Herbst" ist ein äusserst geeignetes Thema, die "Früchte" zur Sprache zu bringen, von denen auch in weniger zwingendem Zusammenhang in den Sonnetten immer wieder die Rede ist. Aber der Herbst dient fast nur als Vorwand; Thema und Bilder werden zu Gefässen einer ganz neuen Aussage und werden dabei dahingehend umgekehrt, dass Erfüllung sich in Versprechen wandelt, "Herbst" für Hoffnung steht und die Freude des Erreichten sich in die Dringlichkeit der Bitte verändert; statt ruhigen Genusses von etwas Geschenktem finden wir eine rastlose Bewegung im Verfolgen eines Zieles. Ein Bild wird in die Dynamik eines Prozesses verkehrt.

Es zeigt sich, dass das Thema "Auf die fruchtbringende Herbstzeit" doppeldeutig ist: Die erste Vorstellung, die es erweckt, ist die der Früchte, die der Herbst besitzt, bereits gebracht hat, denn nach Herbst kommt Winter; Herbst kann kaum auf etwas weisen, für das er nur eine Vorstufe ist. Das Versprechen des Frühjahrs erfüllt sich in ihm. Nur ein zweiter, nachträglich motivierter Blick entdeckt eine weitere Deutungsmoglichkeit für diesen Titel: Grammatisch bezeichnet "fruchtbringend" einen nicht abgeschlossenen Vorgang, Früchte werden gebracht; wie weit entfernt der Empfänger vom Empfang ist, bleibt offen. Es steht also der traditionell und generell ver- standene Sinngehalt dieses Ausdrucks vom "fruchtbringenden Herbst" im Widerspruch zu seiner wörtlichen Bedeutung. Die Verkehrung des tradi- tionellen, im ersten Quartett ausgeführten Themas in sein Gegenteil, das der Ausdruck grammatisch bereits enthielt (Partizip Präsens statt

64

Perfekt), ist die Voraussetzung für die lyrische Aussage des Sonetts.

Sonette 88 und 243 wurden ausgewählt und analysiert, um vor allem den zentralen Platz der Dichtkunst, des "Werkes", in der inneren Welt zweier lyrischer Ich, die in ihnen gestaltet sind, festzulegen. Ob die Dichtkunst generell Inhalt aller Wünsche oder nur Weg und Mittel zu deren Erlangung bedeutet, wurde nicht eindeutig festgelegt, obwohl es Grund gab, die Vermutung bestätigt zu sehen, dass "Werk" sowohl für Ziel als auch für Weg steht und verschiedene Stufen des Lebensplans dieser zwei Ich verkörpert. Die Wichtigkeit des sprachlichen Evozierens emotional gefüllter Gehalte für das Ich wurde hervorgehoben; der im Sonett sich abspielende Sprachprozess, der in der Gegenwart des Ich liegt, wurde in seiner Bedeutung als Instrument für die Verwirklichung von Höherem aufgezeigt.

Die ausgewählen Sonette sind repräsentativ; die Sonettsammlung ist voll von Beispielen, in denen Wünsche und Ziele deutlich oder impliziert in "Werk" und Sprache münden.

Auch Sonett 201 behandelt "Früchte". Eigenartig scheint hier die Verbindung von Neujahr mit Frühling und Früchten. Catharina übernimmt sie aus Psalm 65. Die Krone eines reich gesegneten Jahres ist in Palästina die Ernte; Psalm 65, ein Danklied am Jahresende, schliesst daher folgerichtig einen Dank für den Erntesegen ein. Auf Sonett 201 ist diese Verbindung wörtlich, aber ohne ihren ursprünglichen Sinn übertragen worden. Die bekannten Stichwörter in Verbindung mit dem Ersehnten finden sich hier wieder: Früchte, Geist, Ewigkeit, Süssigkeit, Zeit, Werk, Vollzug, Empfängnis, Frucht, "nach Wunsch". Bekannt ist auch die Dringlichkeit der Bitten, der beschwörende Ton. Trotz der thematischen Bindung an einen Psalm und manchem biblischen Bezug hat deshalb auch dieses Sonett privaten und lyrischen Charakter.

Die im Folgenden betrachteten Sonette fügen dem bisher Gesagten

Herz-bezeugter Gottheits-Trieb.

OB Tugend = Überfluß / stäts=quellendes Vermögen/
du ewig = gebends Gut / bleibst doch untrennbar
    ganz!
Ach Allerleuchtender/doch ungesehner Glanz!
die selbst und einig Ruh/kanst alles doch bewegen!
wohnst in dem Jubel-Thron/und bist doch stäts
    zugegen.
Man siht dich nicht/und trägst den Hoheit Strah-
    len Krantz.
wir sind vor dir/wie Staub : noch wachst für un-
    ser Schantz/
und gibst / die wir den Fluch verdienet/Himmel-
    Segen.
Du Unerreichlichkeit im Wesen/Wille / Wun-
    dern/
besonders in der Güt/die dich schier übertrifft!
laß mich den Lobes-Geist/zu loben/recht aufmun-
    dern.
Dein Klarheit recht verklär/in meiner dunklen
    Schrifft/
du Erzvollkomnes Gut/du All-und Einigkeit/
du Dreyheit/die in Eins besteht und geht allzeit!

§(o)§

Zugabe von L. Sonneten.

H. Neuer Jahrs = Wunsch.

Du krönest das Jahr mit deinem Gut.

Psal. 65. v. 12.

HErr JEsu / kröne du mit Früchten dieses
    Jahr!
der edle Geist-Geschmack die gantze Welt ergötzet/
sie aus der jrdisch-in die Ewigkeit versetzet/
in der die Süßheit erst vollkommen wird und klar.
Ach schicke zeitig Zeit/weil bißher Früling war.
Dieweil der Diamant mit deinem Blut genetzet/
du reines Opfferlam/so gib daß er geätzet
und einmal werd' erweicht / dein Klarheit offen-
    bar?
Du dunkle Wolkenseul / werd' auch einmal zu
    Feur.
Zeig deine Herrlichkeit/in Werken/wie in Sihen.
Laß / was du längst vertröst / vollzogen werden
    heur.
Laß die empfangne Frucht heur Tages = Liecht
    gewinnen.
Gib/daß/wie jener Knab/zum siebenden ich geh/
und ja einmal nach Wunsch ein Hülffes = Wölck-
    lein seh.

***

H. Neuer Jahrs-Wunsch.
Du krönest das Jahr mit deinem Gut.
Psal. 65. v. 12.

HErr JEsu/ kröne du mit Früchten dieses Jahr!
der edle Geist=Geschmack die ganze Welt ergötzet/
sie aus der jrdisch= in die Ewigkeit versetzet/
in der die Süssheit erst vollkommen wird und klar.

Ach schicke zeitig Zeit/ weil bissher Früling war.
Dieweil der Diamant mit deinem Blut genetzet/
du reines Opferlamm/ so gib dass er geätzet
und einmal werd' erweicht/ sein Klarheit offenbar?

Du dunkle Wolkenseul/ werd' auch einmal zu Feur.
Zeig deine Herrlichkeit/ in Werken wie in Sinnen.
Lass/ was du längst vertröst/ vollzogen werden heur.

Lass die empfangne Frucht heur Tages=Liecht gewinnen.
Gib/ dass/ wie jener Knab/ zum siebenden ich geh/
und ja einmal nach Wunsch ein Hülffes=Wölklein seh.

66

eine weitere Dimension zu. Sie besteht in dem erotischen Element, das in den Sonetten der Catharina von Greiffenberg sich mit dem Ausdruck von Wünschen und Freuden verbindet. Da die Wünsche überwiegend um das Werk kreisen, sind Werk und Erotik auf eindeutige Weise verknüpft. Dies soll an zwei Sonetten vom Anfang der Sammlung, Sonett 5 und Sonett 8, gezeigt werden. Die stehen nicht zufällig zusammen an dieser Stelle: Die Sonette in der Sammlung sind nach Themenkreisen gruppiert.[145] Der betreffende Themenkreis hier ist in Catharinas Worten "Lobverlangen" und "Vorhabenszweck".

Sonett 5 fällt in zwei Hälften, die sich voneinander zunächst durch die Sprechhaltung des Ich unterscheiden: Die zwei Quartette enthalten Wünsche, die nicht nur durch den Titel "Sehnlichster Weissheit=Wunsch/ zu vorgenommenem löblichen Lobewerk" als dringend dargestellt werden, sondern auch durch das zweimalige "Ach!" und die Satzstruktur, die die Wünsche im Objektsatz präsentiert, der grammatisch wegen des Fehlens eines Hauptsatzes aufs engste mit dem sprechenden Ich verbunden ist: "Ach dass..."Ach! dass"... "dass".[146] Das Sextett argumentiert nicht weniger dringlich, aber mit dem deutlichen Bemühen um objektiven Ton und sachliche, logisch folgernde Darstellung: "Ich such je (=ja) nicht mein Ehr".."Aus Gottes Trieb kan ja kein ...Laster fliessen.[147] Wie schon der Titel mit Untertitel gehaltlich zweigeteilt ist, verteilen sich die beiden Hauptgedanken analog auf die beiden Sonetthälften: Die "Sehnlichkeit" wird in der Oktave ausgedrückt, die "Löblichkeit" kommt im Sextett zur Sprache.

---

[145] F. Kimmich, Diss., S.11; L. Villiger, op. cit., S.10.

[146] Frank ordnet Wünschen eine eigene "stereotype Sprechform", den Objektsatz zu. Diss., S.172. Es lassen sich aber viele andere Sprechformen von Wünschen in den Sonetten nachweisen; man kann nicht mehr sagen, als dass Catharina Wünsche in den in der deutschen Sprache möglichen und gegebenen Formen ausspricht; -das "Stereotype" dieser Wünsche liegt eher im Inhalt.

[147] Diese Konstruktionsmethode entspricht der in Sonett 88: subjektive, emotionale Darstellung gefolgt von sachlicher Argumentation.

✳(4)✳

Brünstiges Weißheit Ver=
langen.

HErr gib mir die / durch die / die Welt und
ich erbaut/
die du selb selbsten bist die schönest' aller schönen/
die Seel=erhellend pflegt mit Ehrenglantz zukrö-
nen:
die sich schwingt in ein Hertz / das deinem ist ver=
traut /
die auf die / so auf dich vertrauend schauen/
schaut:
nach der die Sinn in mir sich hirschengierig sehnen /
mit Lust von aller Lust sich / ihr zu dienst/entwäh-
nen!
Die Weißheit meyne ich / die keusche Hertzen=
Braut.
Wann es mir schon mit ihr auf Danielisch
gieng/
sie wär mir Zucker lust auch in deß Löwen Rachen.
Ich wolt / der Sternen Herr / im Hertzen freyheit
lachen/
Wann auch der höchst' auf mich Leibeigenschafft
verhieng.
der schöne Seelen schatz pflegt überall zu funklen.
Kein' unglück Nacht noch Macht/ja nichts / kan
sie verdunklen.

Sehn=

✳(5)✳

Sehnlichster Weißheit=
Wunsch/
Zu vorgenommenem löblichen
Lobewerk.

ACh daß die Weißheit wär ein Pfeil / und
mich durchdrüng'/
ein glantz und mich erhellt'; ein wasser / und mich
tränkte/
ein abgrunds=tieff/ und sie mich gantz in sie ver-
senkte/
ein Adler/der mit mir sich zu der Sonne schwüng:
ein helle Quell'/so in die Sinnen rinnend sprüng'!
Ach! daß den Kunst= Geist sie mir aller Weißen
schenkte!
daß nur was würdigs ich zu Gottes Lob erdenkte
und seiner Wunder Preiß nach wunsch durch
mich erkling!
Ich such' je nicht mein Lob / die selbst=Ehr sey
verflucht!
GOtt! GOtt! GOtt! ist der Zweck/den ihm mein
kiel erkohren.
Ich bin der Pinsel nur: sein Hand mahlt selbst die
Frucht;
Ihr zimt die Ehr / wird was aus meinen Sinn
gebohren.
Aus GOttes trieb kan ja kein Teuffels Laster fliessen.
mein einigs flugziel ist/zu Jesus Christus Füssen!

A iij   Eife=

Sehnlichster Weissheit=Wunsch/
Zu vorgenommenem löblichen Lobewerk.

  ACh dass die Weissheit wär ein Pfeil/ und mich durchdrüng/
ein glantz und mich erhellt'; ein wasser/ und mich tränkte/
ein abgrunds=tieff'/ und sie mich ganz in sie versenkte/
ein Adler/ der mit mir sich zu der Sonne schwüng;

ein helle Quell'/ so in die Sinnen rinnend sprüng'!
Ach! dass den Kunst=Geist sie mir aller Weissen schenkte!
dass nur was würdigs ich zu Gottes Lob erdenkte
und seiner Wunder Preiss nach wunsch durch mich erkling!

Ich such' je nicht mein Lob/ die selbst=Ehr sey verflucht!
GOtt! GOtt! GOtt! ist der Zweck/ den ihm mein kiel erkohren.
Ich bin der Pinsel nur: sein Hand mahlt selbst die Frucht;

Ihr zimt die Ehr/ wird was aus meinen Sinn gebohren.
Aus GOttes trieb kan ja kein Teuffels Laster fliessen.
mein einigs flugziel ist/ zu Jesus Christus Füssen!

68

Frank betont, dass die gewählten Bilder und die zum Teil durch
Präfixe intensivierten Verben des ersten Sonetteils "die ersehnte
Eingebung in ihrer zielstrebigen Bewegtheit wiedergeben."[148] Er ver-
schweigt aber, dass die "Zielstrebigkeit" sich auf eigenartige Weise
auf das Ich bezieht; sein Ausdruck "Eingebung" deutet nur an, was die
Bilder in ihrer Kombination mit den Verben bewirken: Auf vielfältig
umschreibende Weise bezeichnen sie einen Sexualakt, einen Befru-
chtungsvorgang. Der durchdringende Pfeil (V.1),[149] das tränkende
Wasser, der Abgrund, in den das Ich (in einer Verkehrung der Rollen)
versenkt wird (V.3), die Quelle, die "rinnend" in das Ich "springt"
(V.5), haben alle deutlich erotische Konnotationen.[150] Die zweite
Sonetthälfte, die eine konsequente gedankliche Fortsetzung der ersten
ist, nennt das Resultat dieser Befruchtung "Frucht"(V.11), die
"geboren" wird (V.12), und fügt der Wortkette zwei weitere Glieder zu,
indem sie einen "Trieb" hinter dem Geschehenen bezeichnet (V.13), aus
dem kein "Laster fliessen" könne.[151]

Die Erotik dieser Bilder bleibt aber ganz abstrakt, sozusagen
unkörperlich. Wie der "Herbst" des vorangehend analysierten Sonetts
auf einen einzigen Begriff, den Reifungsprozess, reduziert wurde, der
für das Ich neue Bedeutung annahm, so dient die Erotik hier dem Ich
dazu, einen Befruchtungsprozess in auf seine innere Welt übertragener
Bedeutung zu gestalten. Es handelt sich dabei um einen durch und
durch "geistigen" Vorgang: "Weisheit" ist der Agent, der "Kunstgeist"
schenken soll (V.1/6), "die Sinnen" (V.5), der "Sinn" (V.12)
bezeichnen das Empfangende, und die "Frucht" (V.11), das "Geborene"

---

[148] ibid., S.174.

[149] Man erinnert sich hier an Berninis Therese.

[150] Hocke stellt die Erotik der Mystik mit dem "Pansexualismus" der
Epoche in Verbindung. Gustav Rene Hocke, Die Welt als Labyrinth.
Manier und Manie in der europäischen Kunst (Hamburg, 1957), S.184-86.

[151] Daly versteht diese Bilder ebenfalls erotisch und hat "wenig
Zweifel", dass in Sonett 5 "das Weissheitsverlangen, das Lobenwollen
und ein Hauch der Jesus-Minne zusammenfliessen". P. Daly, Diss.,

(V.12) ist etwas "Erdachtes" (V.7), "Erklingendes" (V.8).

Diese Sonette scheinen hierin dem Zug einer Zeit zu folgen, von der M.-L.Wolfkehl sagt, dass "ihr gesteigertes Gefühls- und Sinnenleben auch die geistlich-erotische Symbolik zu neuem Leben erweckte".[152] Im Gegensatz zum Grossteil der zeitgenössischen geistlichen Lyrik dokumentiert aber Erotik hier nicht eine ekstatisch erlebte innere religiöse Erfahrung, sondern ist, zunächst jenseits von Religion, ein Mittel, das um seiner suggestiven Anschaulichkeit willen verwendet wird und das auf ein anderes, vergleichbar intensiv Erwünscht- und Erlebtes bezogen ist: das Werk. Ebensowenig wie primär um Religion, geht es dabei primär um Sinnliches, und die Bezeichnung "Jesusminne" wäre hier doppelt falsch.[153]

Es handelt sich hier um Dichtung in der Tradition der Mystik, die laut Wolfskehl "nach mittelalterlichen Mustern den asketischen Kern und das Nur-Gleichnishafte der sinnlichen Symbolik bewahrt".[154] Grete Luers schreibt:"Der Mystiker...ist...der wahrhaft erotische Mensch; denn Eros bedeutet im weitesten Sinne Ineinssetzung von Sinnlichstem und Geistigstem durch Bezogenheit auf das Unendliche".[155] Hier findet sich eine Abwandlung der bisher auf Religiöses bezogenen Vorstel-

---

S.31/32.

[152] Marie-Luise Wolfskehl, "Die Jesusminne in der Lyrik des deutschen Barock", in: Giessener Beiträge zur deutschen Philologie (Diss., Giessen, 1934), Bd. 34, S.74.

[153] Es finden sich aber in der Sammlung eine Reihe Sonette, die unter dem Sammelbegriff "Jesusminne" eingeordnet werden müssen, z.B. Sonett 18 und Sonett 197. Die Erotik in diesen wesensmässig anders angelegten Sonetten liegt auf der Oberfläche. Sie passen sich im Gebrauch der Brautschaftsmotive und dem damit zusammenhängenden Vorstellungskomplex, im ekstatischen Ton, im Vokabular ganz der schwärmerischen Gefühlsmystik der Zeit an. Siehe Wolfskehl, op. cit., S.66 und S.83.

[154] ibid., S.86.

[155] Die Sprache der deutschen Mystik des Mittelalters im Werk der Mechthild von Magdeburg, (München, 1926), S.17.

lungen, ein Verweltlichungsprozess, um Wolfskehls Begriff[156] aufzu-
greifen, aber nicht etwa ein Säkularisierungsprozess. Denn die
sinnlichen Vorstellungen verselbständigen sich nicht um ihrer selbst
willen; obgleich das mit erotischen Bildern veranschaulichte intensive Sehnen nicht ein religiöses, sondern ein ästhetisches Erleben
meint, bleibt dabei der Bezug zum Göttlichen, Unendlichen bewahrt und
wird nur überlagert. Aber es ist hier nicht primär auf Christentum,
sondern auf Künstlertum bezogen. Die ersehnte unio mystica will
zunächst nicht die Vereinigung des Ich mit seinem Seelenbräutigam
Christus, sondern mit dessen Wegbereiter, der Kunst; erst auf diesem
Wege gelangt das Ich zu Gott.

Wie schon in den vorigen Sonetten geht es bei dem Erwünschten
wieder um die Kunst, das Werk, aber nicht um das fertige Produkt, sondern um dessen Voraussetzungen: "kunst-Geist" wird erfleht, auf dass
das Ich sich "was würdigs...zu Gottes Lob erdenke" (V.7) und sein
Preis "durch mich erkling" (V.8). Das Lobewerk bleibt in seiner spezifischen Art in diesem Sonett nicht wie in manchen anderen unbestimmt,
sondern ist eindeutig Dichtkunst; hier wird der "Kiel" genannt, dessen
"Zweck" Gott ist (V.10).

Die in suggestiven Bildern herbeigeflehte Inspiration[157] hat
notwendig auf das Ich als Empfangendes Bezug; denn es ist als Medium,
Nährboden, Gebärendes unersätzlich. So überrascht es nicht, wenn in
jedem Vers dieses Ich zur Sprache kommt (die Ausnahme in V.5 ist durch
den Rhythmus, nicht den Sinn bedingt). Ferner hat bereits das erste
Wort des Titels, "sehnlich", klargestellt, wie sehr das Ich emotionell

---

[156] op. cit., S.136.
[157] "Ihre Meditationen richten sich mit Vorliebe auf ihr Inspirationserleben." Conrad Wiedemann, "Engel, Geist und Feuer. Zum
Dichterselbstverständnis bei Johann Klaj, Catharina von Greiffenberg
und Quirinus Kuhlmann, in Literatur und Geistesgeschichte. Festgabe
für Otto Burger, hrsg. von Reinhold Grimm und Conrad Wiedemann (Berlin, 1968), S. 109.

an dem Erlebten hängt, wie sehr es innerlich beteiligt ist. Diese innerliche Beteiligung an dem "Lobewerk" macht das Ich aber in seiner eigenen Sicht angreifbar: Der Gedanke, dass eine Rechtfertigung des Werkes in seinen subjektiven Voraussetzungen -d.h. eine Klarstellung der Motive des nach Sprachausdruck sich sehnenden lyrischen Ich- angebracht sei, hat sich bisher nicht aufgedrängt. Umso überraschender wirkt die Emphase, mit der die Argumente vorgebracht werden, mit denen sich das Ich vor unausgesprochenen Vorwürfen zu schützen bemüht: "Ich such' je nicht mein Lob/ die selbst-Ehr sey verflucht!" -starke Worte, die auch rhythmisch wie ein Hieb wirken, nachdem das Oktett melodisch weich dahinfloss. Die Intensität des Tons wird noch gesteigert, wenn das Ich ausruft: "Gott! Gott! Gott! ist der Zweck..." und nochmals beteuert, es selbst sei nicht Ziel, sondern nur Instrument seines Werkes: "Ich bin der Pinsel nur, (Gott) mahlt selbst..."(V.11).[158]

Der bisher nur in Entkräftigungen umgangene Punkt wird endgültig deutlich im letzten Terzett genannt: "Ihr zimt die Ehr/ wird was aus meinem Sinn geboren." Der unausgesprochene Vorwurf, der bisher nur für das Ich Realität hat, kreist um die "Ehre", die sich an das hervorzubringende Werk knüpfen wird und die das Ich weit von sich weist, -die es aber seinem berechtigten Träger nur seltsam doppeldeutig zuspricht; denn das "Ihr" in "Ihr zimt die Ehr" kann Bezugswort für Gottes Hand sowohl wie die Frucht sein; ob Gott Lob und Ehre zukommen sollen oder nur das Lob, und dem Werk selbst die Ehre, ist nicht ganz klar.

---

[158] Siehe dazu auch Sonett 1, das fast programmatisch das Werk einführt:
"...Ich such kein eigne Ehr/ verdiene sie auch nie.
Siht aber jemand was Geist- nützliches allhie:
so bitt! ich ihn durch Gott/ er woll mir nicht zuschreiben

das Gut' in meiner Schrift. der Ewig' ists allein/
der mir das Gute flöst in Geist und Feder ein.
Nur sein soll alles Lob/ von mir und allen/ bleiben."

Aber zweierlei wird deutlich: dass die Möglichkeit besteht, dem Ich diese Ehre zu geben, und dass das Ich dabei nur zu verlieren hat. Die zweite Sonetthälfte steht völlig im Schatten dieses Gedankengangs; es können nicht Worte gefunden werden, die stark genug die Suche nach solcher Ehre verurteilen: "Verflucht" sei dieses Streben, ein "Teuffels Laster" ist es. Aus der Grösse der Gefahr erklärt sich die Emphase, mit der ihr begegnet wird.

Diese emphatische Rechtfertigung der zweiten Sonetthälfte setzt den Gedanken -oder zumindest doch die Möglichkeit eines solchen Gedankens- voraus, dass Dichten nicht ausschliesslich und selbstverständlich "Ehre" anzieht wegen seiner Funktion als Mittel und Werkzeug zum Gotteslob. Es kann sich auch ein Wert daran knüpfen, der jenseits des "löblichen" (lobenswerten) Zwecks das "löbliche" (zu lobende) Lobewerk als Kunst -Werk herausstellt. Religiöse Dichtung, so lässt sich vermuten, hat auch Wichtigkeit und Wert jenseits ihres religiösen Gehalts; die Qualität der Gestaltung kann dem Gestalter Ehre bringen. Diese Möglichkeit wird in diesem Sonett als sehr real angesehen. Das Ich hat darauf keinen Einfluss; jedoch solange es sich darum bemüht, "was würdigs" zu Gottes Lob zu erdenken, kann das Erdachte ihm, dem Erdenkenden, "Ehre" bringen. Um aber der harschen Aburteilung zu entgehen, der sich ein ehrgeiziger Dichter aussetzt, muss das Ich seine Motivation eindeutig klarstellen: Es gehe ausschliesslich um Gott. Gottes "wunder Preiss" sei überhaupt nur möglich, wenn "Gottes trieb" dahinter steht. Alle Bewunderung, die dieser "Preis" erweckt, komme nicht dem Ich zu, da es nur als inspiriertes Werkzeug in diesem Vorgang fungiere, sondern der Quelle der Inspiration bzw. dem Produkt der Inspiration (s. den doppeldeutigen Dativ "Ihr zimt die Ehr", V.12).

Es fällt auf, dass die Verherrlichung Gottes fast nur nebenbei erwähnt wird. Das Ich nennt zwar als Ziel seines Dichtens "Gott" und als den Inhalt seines Dichtens "Gottes Lob" und "seiner Wunder

Preiss"; aber worauf das Sonett hinsteuert und worum die Gedanken des Ich kreisen, sind die Konsequenzen dessen, was "aus meinem Sinn geboren" wird: Nicht das fertige Werk, Gottes "Lob", schwebt ihm vor, sondern die "Ehre", die sich aus dem Werk ergibt und die dann Gott oder dem Produkt der Inspiration Gottes, dem Werk selbst, zugesprochen werden muss. Wie schon die allzu kräftigen Protestationen eines gar nicht als zwingend sich aufdrängenden Vorwurfs vermuten liessen, ist dies Ich besessen von der Möglichkeit, dass der künstlerische Gehalt der Dichtung grösseren Eindruck machen könnte als der religiöse Gehalt, bzw. dass der Beifall, der der Qualität der Aussage, dem "Kunstgeist", gilt, den religiösen Gehalt und dessen "Löblichkeit" überschatten könnte, -was das Ich in die heikle Lage versetzt, ableugnen zu müssen, dass so etwas beabsichtigt war, da mit einer Infragestellung der Antriebsmotive das Werk auch fragwürdig wird. Aber durch die allzu starken Protestationen, die auch schon in Sonett 1 allen anderen Aussagen der Sammlung vorangingen, wird der Finger gerade auf die wunde Stelle gelegt. Dadurch, dass das Ich sich als so besessen von "Ehre" zeigt, wird der Vorwurf erst sinnvoll, es könne ihm letztlich vor allem um diese "Ehre" für sich selbst gehen; der Protest ist zu stark, was sich auch in der emphatischen dreifachen Wiederholung "Gott..." niederschlägt. Und selbst wenn das Ich sich mehr oder weniger erfolgreich von dem Vorwurf reinwäscht, es liege seiner Dichtung vor allem Ehrgeiz zugrunde, so wird doch klar, dass solche Gedankengänge ihm nicht fernliegen und es Ehrgeiz als eine Gefahr für sich selbst betrachtet. Es hat erreicht, dass dieser Vorwurf auch für den Leser Realität gewinnt; denn all diese Versicherungen gehen weit über den Topos affektierter Bescheidenheit hinaus.

Das Thema Kunst hat in diesem Sonett wie in allen den in diesem Zusammenhang analysierten zentrale Stellung; aber in Sonett 5 geht es weniger um Wert oder Verwirklichungsmöglichkeiten des Werkes selbst, als vielmehr um seinen Ursprung, die Inspiration dazu, und um die

74

Motive des Ich, die es bedingen und entweder zu "löblichem Lobewerk" oder zu "Teuffels-Laster" machen. Durchgehend illustrieren erotische Bilder das Ersehnte, das intensiv Emotionale dieses Anfangs, und verdeutlichen seine Bedeutung für das Ich mit dem Blick auf das Resultat: Dieser Anfang wird ersehnt wegen des daraus erwachsenden Endes. Solange aber das Ende, die "Frucht", nicht in ihrer "Löblichkeit" jenseits aller Zweifel steht, ist der An= trieb zu rechtfertigen.

Der Ausweg aus solcher Schwierigkeit wird, wie stets in diesen Sonetten, über die Religion gefunden. Das ist nicht so selbstverständlich, wie aus dem Übertitel "Geistliche Sonnette..." zu folgen scheint. Denn in Sonetten 88 und 243 stand der geistliche Gehalt nicht im Vordergrund, sondern wurde im Nachsatz, an zwar betonter, aber später Stelle dem Thema Kunst übergelegt, wie ein schmückendes Gewand und eine zusätzliche Dimension, aber nicht als der eigentliche Aussage-Auslöser. Auch in diesem Sonett ist nicht das Gotteslob das Hauptthema, sondern zunächst ist es nicht mehr als ein feststehender Gehalt, der jenseits der Problematik des Lobens existiert und mit dem sich die Aussage nicht weiter befasst. Erst in der zweiten, die Lauterkeit der Beweggründe zu dieser Dichtung protestierenden Hälfte des Sonetts ist das religiöse Element wesentlich. Es wird aber bezeichnender Weise nicht der religiöse Gehalt als Ziel der Kunst betont und sie damit gerechtfertigt, sondern die Tatsache, dass das Ich sich über die Dichtung Gott nähert: "Gott! Gott! Gott! ist der Zweck/ den ihm mein kiel erkoren", -eine Erklärung, die nicht mit Gotteslob identisch ist!- und noch eindeutiger: "Mein einigs flugziel ist/ zu Jesus Christus Füssen". Es geht hier weniger um den religiösen Inhalt, d.h. das dargebrachte Gotteslob, als vielmehr um den Akt des Lobens, der von subjektivem Wert für das lobende, dichtende Ich ist, -nicht weil es damit Ehre gewinnen kann (es besteht kein Grund, Ehrgeiz als dominierenden Antrieb zu dieser Dichtung zu sehen, bei allem Bewusstsein des Ich, dass sich dabei Ehre gewinnen lässt), sondern weil es sich persönlich dadurch seinem Ziel nähern kann.

Religion findet stets zunächst in diese Sonette Eingang in ihrem Bezug zum aussagenden Ich, und erst in der Folge tritt der orthodoxe geistliche Gehalt hinzu -und dann selten ausführlicher als mit einer Formel vom Gotteslob. Dass der geistliche Gehalt auf das Aussage-Ich bezogen und an dessen Erleben gebunden bleibt, lässt sich aus der gegebenen Gattungsdefinition von Lyrik folgern. Dieser Ausdruck von Religiösität stellt die lyrischen Teile dieser Dichtung in Zusammenhang mit der Mystik des siebzehnten Jahrhunderts. Das Werk, der Schaffensprozess und dessen Vorbedingungen und Wirkungen, nicht die geistliche Aussage in Übereinstimmung mit der Lehre der protestantischen Kirche, stehen in diesen Sonetten im Zentrum. Über das Werk, über das Dichten nähert sich das lyrische Ich seinem erklärten Ziel, Gott, nicht über die Kirche. Es predigt nicht in diesen Sonetten, es betet auf seine Art. [159]

Sonett 8 stammt aus demselben Themenkreis wie Sonett 5; sein Titel bindet es bereits an diese Nachbarschaft: "Wunsch eben desselbigen" zwingt den Leser, zum Vorigen zurückzugehen, um herauszufinden, dass es sich um "Göttlicher Anfangs=Hülffe Erbittung" handelt. Es wird hier aber gerade Sonett 8 ausgewählt, weil es sich besonders eignet, noch einmal kurz zu verdeutlichen, was die Analyse des vorigen Sonetts ergab.

Wie in Sonett 5 bittet ein Ich um die Eingebung von Weisheit als Vorbedingung seines Lobewerks, und wieder bedient es sich dazu der Bilder eines Befruchtungsakts: "Berühre meinen Mund!"(V.1), "mich woll der Flammen=Fluss...tränken" (V.2), "dass alle Lieblichkeit mich netze diese Stund" (V.4), "wollst...Safft und Krafft/ geist/ Witz und Blitz mir schenken" (V.6), "ich will mich in die See...senken" (V.7), "weil

----
[159] s. dazu R.Liwerski, op.cit., passim.

(8)

Wunsch eben deßelbigen.

KOm schönster Seraphin / berühre meinen Mund!
mich woll der Flamen-Fluß/die Gottes weißheit/
tränken:
daß ich was würdigs kan zu seinem Lob erdenken/
daß alle Lieblichkeit mich netze diese Stund.
auf daß das höchste Gut aufs höchst' ich preißen
kund/
wollst/Höchster/Safft und Krafft/Geist/Witz un
Blitz mir schenken.
Ich will mich in die See der Gnaden Mänge sen-
ken/
weil in der Gottheits-Sonn' ich doch zerschmelzung fund'.
Ach aller Ehren Zweck! laß mich mein Ziel er-
reichen/
dein Lob! ich lebe nur/wann dieses in mir lebt.
laß mein dich preißend Werk der Pharus Fackel
gleichen/
die schiffend auf der Flut man herrlichst siht erhebt:
daß in der Schnödheit/ ich mach deinen Ruhm erschallen
mit Herzen/Mund/und Hand/ja kurz/in-und mit
allen.

Demü

(9)

Demütiger Entschluß/ GOtt zu loben.

WAs fang' ich an? was untersteh' ich
mich/
das höchste Werk auf Erden zuverrichten?
mein schlechtes Lob wird ihn vielmehr vernichten.
Er ist und bleibt/der Höchst geehrt für sich.
Fahr fort/mein' Hand/preiß GOtt auch inni-
glich:
befleiße dich/sein Wunder-Lob zu dichten!
Du wirst dadurch zu mehrerm ihn verpflichten/
daß Er mit Freud auch wunderseeligt dich.
laß Lob/Ruhm/Preiß/zu wett den Engeln/
klingen
mit Lust: ists schon so heilig lieblich nicht/
und nicht so hoch/noch mit solch hellem Liecht:
GOtt weiß doch wol/daß sich nicht gleich kan
schwingen
die kleine Schwalb dem Adler: Ihm beliebt/
was treu gemeint/ob es schon schlecht verübt.

A v   Von

Wunsch eben desselbigen.

KOmm schönster Seraphin/ berühre meinen Mund!
mich woll der Flammen=Fluss/ die Gottes-weissheit/ tränken:
dass ich was würdigs kan zu seinem Lob erdenken/
dass alle Lieblichkeit mich netze diese Stund.

auf dass das höchste Gut aufs höchst' ich preissen kund/
wollst/ Höchster/ Safft und Krafft/ Geist/ Witz und Blitz mir schenken.
Ich will mich in die See der Gnaden Mänge senken/
weil in der Gottheits=Sonn' ich doch zerschmelzung fund'.

Ach aller Ehren Zweck! lass mich mein Ziel erreichen/
dein Lob! ich lebe nur/ wann dieses in mir lebt.
lass mein dich preissend Werk der Pharus Fackel gleichen/

die schiffend auf der Flut man herrlichst siht erhebt:
dass in der Schnödheit/ ich mach deinen Ruhm erschallen
mit Herzen/ Mund/ und Hand/ ja kurz/ in= und mit allen.

ich...Zerschmelzung fund"(V.8) und "dein Lob! ich lebe nur/ wann dieses in mir lebt"(V.10) sind suggestive Bilder, die in ihrer Häufung das ihnen gemeinsame erotische Element in den Vordergrund treten lassen, wenn sie auch isoliert betrachtet nicht eindeutig so gemeint sein müssen (s. V.10, "Dein Lob! ich lebe nur/ wann dieses in mir lebt", wo nur dieser Zusammenhang suggeriert, dass es sich bei dem in dem Ich lebenden "Lob" um eine Frucht handeln muss).

Wieder drängt sich das Ich dazu, berührt zu werden, und wieder geht es ihm vor allem um die Ergebnisse dieser Berührung: "dass...", "auf dass..." und "Ziel". Ein einziger Satz deutet an, dass auch diesem Anfang selbst ein in ihm beschlossener Wert, eine positive Empfindung in der Gegenwart des Ich, anhaften kann: "dass alle Lieblichkeit mich netze diese Stund".

Der mögliche Vorwurf persönlicher Ehrsuche wird in diesem Sonett ignoriert; keine emphatische Rechtfertigung überschattet die Bitte um Inspiration und die Beschreibung des Resultats, obwohl die Anrede Gottes "Ach aller Ehren Zweck" subtil solche Funktion übernimmt. Umso auffälliger wirken die Attribute, die dem Werk hier gegeben werden und die sich alle auf den Eindruck reduzieren lassen, den das Werk vor der Welt machen soll. "Was würdigs", das das Ich zu Gottes Lob erdenken will, ist die zurückhaltendste Formulierung. Von da an steigern sich die Beschreibungen. "Aufs höchst" will das Ich preisen. Dies wird zwar durch die Entsprechung "das höchste Gut" in der ersten Alexandrinerhälfte ausgewogen und so modifiziert, aber immerhin stellt das Ich sein Werk in eine direkte Parallele zu diesem "höchsten Gut". Die Worte "Lass mein dich preissend Werk der Pharus Fackel gleichen/ die schiffend auf der Flut man herrlichst siht erhebt" lassen alle Bescheidenheit fahren -der Leuchtturm von Pharus war eins der sieben Weltwunder- und dehnen sich noch auf einen weiteren Vers aus: "dass in der Schnödheit ich mach deinen Ruhm erschallen". Sichtlich ist das Ich auch dieses Sonetts viel mehr von der ästhetischen

Wirkungsmöglichkeit seines Werkes als von seiner religiösen erfüllt.

Gotteslob soll der Inhalt seines Werkes sein; auch dieses Ich begnügt sich aber mit formelhaften Erwähnungen: "zu seinem Lob" (V.3), "das höchste Gut..preissen" (V.5), "dein Lob" (V.10), "mein dich preissend Werk" (V.11), "dein Ruhm" (V.13). Was es tatsächlich zum Ausdruck bringt, ist sein eigenes Erleben, das nicht seine Impulse aus dem festen, formelhaft gegebenen Gotteslob als Werkinhalt empfängt, sondern aus dem Werk selbst, spezifisch in diesem Sonett aus dessen Ursprung und dessen Wirkung. Es wird deutlich, dass das Ich weniger aus dem Verlangen des Christen, Gott zu loben, als vielmehr aus persönlichem Aussagebedürfnis spricht.

Die Erklärung "Ich lebe nur, wenn dieses (dein Lob) in mir lebet" gewinnt unter diesem Gesichtspunkt eine Signifikanz, die sie in das Zentrum der Aussagen stellt. Der Zustand der Schwangerschaft ist dem Ich zunächst wichtiger als der nach der Entbindung. Bei allem Bewusstsein, dass dies nicht das Ziel und dass dieser Zustand nur sinnvoll sein kann, wenn er zu etwas Weiterem führt, bezieht das Ich doch wesentliche Impulse seiner Gegenwart daraus. Es ist so vereinigt mit dem, was es schafft; das noch nicht Vollendete hat hier doch schon Realität und ist sein. Dies "Leben", das der "Freude" und "Freiheit" anderer Sonette entspricht, ist zwar nur unvollständig. Aber die Vorstufe zu Höherem kann wegen der Gegenwärtigkeit des Besitzes und wegen der Teilhabe an dem noch stattfindenden Prozess soviel intensiver erlebt werden als das letztlich Ersehnte, dass das Werden die Vollendung in den Hintergrund drängen kann.

Alle vier bisher besprochenen Sonette zeigen ein Ich in Wunsch- oder Bitthaltung; alle stellen sein zentrales Anliegen so dar, dass es mit der Dichtung verbunden oder identisch erscheint. In Sonett 88 geht es um die idealen Schaffensbedingungen als Voraussetzung für das

Werk; Sonett 243 stellt das Ersehnte als eine höhere Stufe des Besessenen dar; Sonette 5 und 8 befassen sich mit dem Ursprung und den Motiven hinter dem Werk sowohl wie mit seiner Wirkung. In allen Sonetten wird die Dichtkunst in der Sicht des lyrischen Ich äusserst positiv gewertet; in allen Sonetten wird aber das Endprodukt nicht anders als formelhaft beschrieben, und der Schaffensprozess, seine Voraussetzungen und Wirkungen erhalten alle Aufmerksamkeit.

Durchgehend hat das Erbitten des Ersehnten eine doppelte Funktion: Es weist auf die idealere Zukunft als sein Ziel, hat aber auch selbständig in der Gegenwart des Ich eigenen Wert. Es ist einerseits Mittel, um das Ziel zu erreichen, was durch das sprachliche Evozieren des Erwünschten unternommen wird, auf dass es auch jenseits des Sprachprozesses Realität gewinne. Das Erbitten ist aber zusätzlich auch schon eine Vorstufe, ein Vorgeschmack und daher bereits ein "halber" Genuss.

Auch in Sonett 87 äussert sich das Ich direkt zum Thema Dichtkunst. Die Dichtkunst wird "Lustlauf", "Kurzweil", "mein Edles Engelwerk" genannt; das Ich war dabei "im besten Flug". Die Hinderung am Schreiben scheint diesmal nicht allzu schwer genommen zu werden, ebenso wie das Werk selbst spielerisch leicht scheint. Aber es finden sich auch ernste Worte: "HErr/ durch dein weisses Lenken" wird alles gut ausgehn; und ein Trost, der das "wider meinen willen" Geschehene erträglich macht, wird gefunden: Später wird es mehr und besser begünstigte Zeit zum Dichten geben.

Sonett 36 sei als letzte Illustration der Tatsache angeführt, dass "Werk" und "Wunderüben", "Lust" und Öffentlichkeit in unlösbarer Verbindung miteinander stehen. Neben diesem Hauptthema, der Rolle der Dichtkunst im Erlebnisfeld des lyrischen Ich, zeichnen sich in den analysierten Sonetten eine Reihe Nebenthemen ab: widrige Umstände ("Unglück"), Ehrgeiz bzw. Sichtbarkeit und Wirkung des Werkes,

Auf die Tugend-bedrängnus-Zeit.

Schöne Tugend/ dich umbucke / ziehe deine
    Krafft in Kiel:
weil der rauhe Unglücks wind / deine Blüh und
    Blätter senget.
Besser ists verborgen seyn / als vor jederman ge-
    dränget.
Hoffnung / wird schon widertreiben / kommet Tu-
    gend-Ehrungs ziel.
Dein Erz-Ursprung / Gottes Weißheit / hat
    dieweil mit dir ihr Spiel:
deinen Krieg und Sieg zusehn/dieses Stürmen sie
    verhänget.
Gleich wie sich das Edle Oel niemal/mit dem Was-
    ser mänget:
deine Krafft empor so schwebet / welche nie gen bo-
    den fiel.
Tugend ist ein Spanisch Rohr / bricht nicht/
    wann man sie schon bieget.
Ja der rechte Eysen-Stein / der/auf alle weiß ver-
    kehrt/
seines Herzens wunsche-spitz / nach des Höchsten
    Willen füget.
Allen stürmen ist unmüglich / das ihr werd diß
    Ziel verwehrt.
Wann auch Schiff und Uhr zerbrochen / sie am
    Grund im Letten ligt:
wider Meer und Wetter toben/sie doch/ GOtt zu-
    zielend/siegt.

Als

Als ich mich / wider meinen willen / zu Ruhe begeben und das schreiben lassen muste.

ES müssen alle ding / HERR / durch dein
    weißes lenken/
denselben/die du liebst/ so wunder gut ausgehn.
Wann/da der Osten Ziel/ sie gegen Westen stehn/
kan doch zum ersten End / dein Helffers Hand sie
    senken.
Mein Lustlauff wird gekürzt / man will mein
    Pferd anhenken/
wann es am bästen Rand/du lässest es geschehn:
weil Lebens Längerung/vor kurzweil/du gesehn.
Man muß mir Zeit für Zeit / auch ohn gedenken/
    schenken/
wann die geraubte Zeit/die Lebenstäg verlängt/
mein Edles Engelwert/so ist dir nichts benommen:
du wirst / für diese Stund / die Jahr und Täg be-
    kommen/
die mir noch künfftig sind/ leicht nicht so schmerz
    gemängt.
Ein widers Wesen ists/still stehn im besten flug:
doch ist des Höchsten will / mir Ziel und Zaum ge-
    nug.

✠(✠)✠

Auf

Als ich mich/ wider meinen willen/ zu Ruhe begeben und das Schreiben
    lassen muste.

ES müssen alle ding/ HERR/ durch dein weisses lenken/
denselben/ die du liebst/ so wunder gut ausgehn.
Wann/ da der Osten Ziel/ sie gegen Westen stehn/
kan doch zum ersten End/ dein Helffers Hand sie senken.

Mein Lustlauff wird gekürzt/ man will mein Pferd anhenken/
wann es am bästen Rand/ du lässest es geschehn:
weil Lebens Längerung/ vor kurzweil du gesehn.
Man muss nur Zeit für Zeit/ auch ohn gedenken/ schenken/

wann die geraubte Zeit/ die Lebenstag verlängt/
mein Edles Engelwerk/ so ist dir nichts benommen:
du wirst/ für diese Stund/ die Jahr und Tag bekommen/

die mir noch künfftig sind/ leicht nicht so schmerz gemängt.
Ein widers Wesen ists/ still stehn im besten flug:
doch ist des Höchsten will/ mir Ziel und Zaum genug.

Die verharzende Hoffnung.

JCh will nur immer mehr/ GOTT/ deiner
wunder machen/
durch harren auff dein güt'. Ich laß'/ ich laß dich
nicht/
ob mir der widerstand schon Hertz und Bein zer-
bricht/
las sterbend' auch nicht ab/ du segnst denn meine
sachen.

Du pflegst einmal für den/ der dir vertraut/
zu wachen.
Dein Mund ja seine hülff dem Elenden verspricht/
den ganzen Allmachts schwall/ zu ihrem dienst
verpflicht.
wer/(bist du ihre stärk')ist stärker als die schwachen?

Ist diese nur bey mir/so bin ich schon vergnüget:
sie zeig sich gleich im werk/ durch offnes wunderüben :
wann zur erleuchtung dann ihr will der Geist be-
lieben/
So ists mir gleichfalls recht/wann er nur wunder fügt.
GOtt/ du hast selbst die lust in meinen Geist entzündet:
Dieselb' ist nicht vergnügt/ bis sie dich selbst empfindet.

Auf

Auf meine/auf Gottes Gnad gerich-tete/unabläßliche Hoffnung.

JCh stehe Felsen-fest in meinem hohen hoffen.
Die wellen prellen ab/ an meinem steinern Haubt.
So ist dem Meere-Heer / zu stürmen nicht erlaubt.
ihm schadt es nicht/ob schon die unglück Ström es
troffen.
sind manche Glückes Schiff auch neben bey ge-
loffen:
den rechten/keine Noht/ den freuden Anfurt raubt:
das/ was sonst keinem ist/ ist müglich dem/ der
glaubt.
die innerst GOttes Krafft steht seiner Würkung
offen.
die ganze Menschlichkeit/ (nur Christus ausge-
schlossen)
nichts ungeendtes kan / als mit des Glaubens-
trafft/
begreiffen : nur durch ihn / wird Göttliches genossen.
Er saugt aus GOttes Herz der Gnaden süssen
Safft:
gefolgt doch/ziehend nicht/weil er ganz über flossen/
der Glaub koemt nie zu hoch in sein lieb Eigen-
schafft.

Auf

Die verharrende Hoffnung.

ICh will nur immer mehr/ GOTT/ deiner wunder machen',
durch harren auff dein gut. Ich lass'/ ich lass dich nicht/
ob mir der Widerstand schon Hertz und Bein zerbricht/
las sterbend' auch nicht ab/ du segnst denn meine sachen.

Du pflegst einmal für den/ der dir vertraut/ zu wachen.
Dein Mund ja seine hülff dem Elenden verspricht/
den ganzen Allmachts schwall/ zu ihrem dienst verpflicht.
wer/ bist du ihre stärk/ ist stärker als die schwachen?

Ist diese nur bey mir/ so bin ich schon vergnüget:
sie zeigt sich gleich im werk/ durch offnes wunderüben:
wann zur erleuchtung dann ihr will der Geist belieben/

So ists mir gleichfalls recht/ wann er nur wunder fügt.
GOtt/ du hast selbst die Lust in meinen Geist entzündet:
Dieselb' ist nicht vergnügt/ bis sie dich selbst empfindet.

Rechtfertigungsdrang, Streben nach Dauer, Ewigkeit und Freiheit. Die
gesamten Sonette kreisen um diese Themen, die immer wieder anklingen;
manchmal stehen sie im Vordergrund der Aussagen, manchmal werden sie
nur impliziert. Alle hängen innerlich unlöslich mit dem Thema "Werk"
zusammen.

IV

"Über des Creutzes Nutzbarkeit"

Die Sonettsammlung in ihrer Gesamtheit dokumentiert keine glückliche Seelenlage. Zwar ist viel die Rede von Hoffnung und Trost und Vertrauen, aber solche Worte unterstreichen die Bedürftigkeit der Sprecherin nur. Unglück in unendlichen Varationen ("Verstrickung"- Sonett 14, "Leibeigenschaft"- Sonett 15, "Trübsal"- Sonett 20, "Abgrund"- Sonett 30 etc.) findet Eingang in diese Dichtung; es ist das erklärte Thema von Sonetten 42 bis 93 und 211 bis 221.[160] Von Bedrängnis zu Zuversicht, von persönlichem Verzagen und mühsamer Fassung zu demonstrativem Gottvertrauen und christlicher Erlösungsgewissheit bewegt sich die Aussage; und gleich, ob sie lyrisch ist oder nicht, verbindet sie Unglück mit daraus entstehendem Glück.

Es soll im Folgenden untersucht werden, ob in der Verbindung von Unglück mit Glück eine individuelle, nur für das lyrische Ich gültige Lösung gefunden wird. Sonett 82 bietet sich zur einleitenden Analyse an.

Dieses Sonett enthält auf der Oberfläche keine persönliche Aussage; kein Ich scheint sich einzumischen; die Sprache ist auf die wesentlichsten Satzteile Subjekt, Prädikat, Orts- oder Zeitangabe beschränkt; sie zeigt eine für Catharina untypische Adjektiv- und Bilderarmut und enthält allgemeine Partikel wie "Wer" (Personalpronomen) und "man". Deutlich ist eine Tendenz zur Sentenz zu spüren, und auch der Epigrammcharakter von Vers 2 bis 7 trägt zum Eindruck der

---

[160] "Unglück und Widerwärtigkeit, die Kindheit und Jugend der Dichterin überschattet hatten, begleiteten Catharina auch in den Jahren künstlerischer Entfaltung". Ingrid Black/ Peter M. Daly, op. cit., S.12, Auch Daly weist die Einzelheiten der Widerwärtigkeiten im Leben der Dichterin kurz auf und stellt dann einen ganzen Katalog von Unglücksmetaphern zusammen. P.M. Daly, op. cit., S.94/95.

Uber des Creutzes Nutzbarkeit.

EIn schöne Sach / im Leiden Früchte brin-
  gen!
die Edlen Stein/zeugt die gesalzne Flut.
Es wird das Gold vollkommen in der Glut.
Aus hartem Felß die süssen Brunnen springen.
  Die Rose muß her durch die Dörner dringen.
Die Märtyr-Kron/wächst aus vergossnem Blut/
aus Plag' und Streit der Christlich Helden=muht.
Wer hoch will seyn/muß nach der Hoheit ringen.
  Frucht in Gedult/ist köstlich/aber schwer.
In Winters Zeit/schäzt man die Frücht vielmehr:
weil seltsam ist/sie damals zu erlangen.
  Wen sauß und brauß / wen knall und strahl
  nicht irrt/
zum Himmels-Port der Tugend-Frücht' hinführt:
der wird mit Preiß der Creutzbesiegung prangen.

Auf die verfolgte doch ununter- drückliche Tugend.

ES ist die gröste Ehr' / unüberwindlich
  seyn/
und sich auf Herculisch dem Unglück widersetzen.
Am widerstandes Stahl / muß keckheits Schwerd
  sich wetzen/
damit es schärfer wird/und krieg den Heldenschein.
  Der Lorbeer widersteht dem Feur und Donnerstein.
Die Tugend lässet sich von Boßheit nicht verletzen:
was? die pflegt sie viel mehr zu wundern anzuhe-
  tzen.
  Die Noht und Unglück / ist der Tugend wunder-
  schrein.
  Was zieret Cyrus Sieg? die widerstandes
  Waffen.
Es kriegt / durch Kriegen nur / Philippus Sohn
  die Welt.
Den Zepter / Cesar auch/ erst nach dem Streit erhält.
Nicht faulen Siegern nur/ist Cron und Thron
  beschaffen.
Drum biet der Noht die Spitz'/und laß dich nichts
  abwenden:
es schwebt schon über dir / die Kron in GOttes
  Händen.

Auf

Auf

Über des Creutzes Nutzbarkeit.

EIn schöne Sach/ im Leiden Früchte bringen!
die Edlen Stein/ zeugt die gesalzne Flut.
Es wird das Gold vollkommen in der Glut.
Aus hartem Felss die süssen Brunnen springen.

Die Rose muss her durch die Dörner dringen.
Die Märtyr=Kron/ wächst aus vergossnem Blut/
aus Plag' und Streit der Christlich Helden=muht.
Wer hoch will seyn/ muss nach der Hoheit ringen.

Frucht in Gedult/ ist köstlich/ aber schwer.
In Winters Zeit/ schätzt man die Frücht vielmehr:
weil seltsam ist/ sie damals zu erlangen.

Wen sauss und brauss/ wen knall und strahl nicht irrt/
zum Himmels=Port der Tugend=Frücht' hinführt:
der wird mit Preiss der Creutzbesiegung prangen.

Übertragbarkeit dieser Aussagen bei.[161]

Aber bereits der erste Vers verrät, dass es hier nicht um Sachlichkeit und neutral zurückhaltende Darstellung von Wahrheiten geht. Ehe die Sache auch nur zur Sprache gebracht worden ist, findet sich schon eine Wertung: "Ein schöne Sach!", die darüber hinaus in einen Ausruf gestellt wird und damit Emphase bekommt.[162] "Des Creutzes Nutzbarkeit" ist sogleich als " im Leiden Früchte bringen" bezeichnet und damit eingeengt: Nicht christliche Beharrkraft, stoisches Ertragen von Leiden und der Lohn dafür im Jenseits werden hier betrachtet, sondern eine tätige Haltung im Leiden selbst, die ihrerseits bereits den Lohn in sich selbst enthält, "ein schöne Sach" zu sein.

Die folgenden fünf Verse illustrieren jeder für sich, aber auf identische Art, den Gedanken des Eingangsverses, fügen ihm aber eine Dimension zu: Das Leiden und die Frucht werden nun kausal verknüpft. Perlen wachsen nur im salzigen Meer (V.2) (eine Nebenbedeutung der "gesalzenen Flut" ist die von Tränen; es klingt an, dass aus persönlichen Leiden etwas Kostbares entsteht.). Gold muss geläutert werden (V.3); wenn Brunnen "springen" sollen, muss sie ein harter Fels zunächst einengen (V.4);[163] ohne Blutvergiessen gibt es keine Märtyrerkrone (V.6). Da, wo das Bild diese Notwendigkeit nicht einschliesst, wird sie künstlich zugefügt: "Die Rose muss her durch die Dörner dringen"(V.5).

Das zweite Quartett endet mit zwei Versen, die das begonnene Muster fortsetzen, aber das nur äusserlich. Denn es ist eine Meinung, keine Tatsache mehr, dass christlichem Heldenmut "Plag' und Streit"

---

[161] s. dazu P. Daly, ibid., S.23.

[162] Sonett 88 setzte ebenfalls mit dem Ausruf der Eingangszeile die Haltung des Sprechers dem Gesprochenen gegenüber voraus und färbte die Aussage von vornherein.

[163] Es ist dies überdies vermutlich eine Anspielung auf die Quelle

vorangegangen sein müssen und Hoheit nur durch Ringen erlangt werden kann. Diese Gedankenführung kommt Irreführung nahe, denn diese Reihe von Einsatz- Argumenten gleitet von Beweisbarem in Gewolltes über. Ob der Sprecher hier sich oder andere überzeugen will, bleibt freilich offen, denn bisher ist nicht eindeutig festzulegen gewesen, ob dies persönliche oder allgemein gemeinte Aussagen sind. Sicher ist nur, dass der scheinbar zurückhaltende Sprecher hier eine nicht notwendige Verbindung zwischen "Plag" und "Heldenmut", zwischen "Hoheit" und "Ringen" gezogen hat und die Notwendigkeit dieser Verbindung täuschend überzeugend wird durch die Parallelstellung der letzten zwei Aussagen mit den vorangegangenen.

Alle Beispiele zeichnen sich durch eine Dynamik aus, die die beiden Seiten des Arguments als Pole, zwischen denen eine Bewegung stattfindet, d.h. als Anfang und Ergebnis eines Vorgangs, darstellen. Dies verstärkt den Eindruck der Kausalverbindung; es spricht dem Vorgang einen Sinn zu, der nicht nur auf das Ende, das Resultat, bezogen ist, sondern die Vorstufe wesentlich mit einbezieht, wie das schon in Vers 1 im "Früchte bringen " anklingt.[164] Jedes Argument hat einen dem "Leid" zugeordneten Teil: salzige Flut, Glut, harter Fels, Dornen, vergossenes Blut, Plag und Streit, Ringen. Der den "Früchten" entsprechende Teil folgt nicht einfach zeitlich darauf, sondern entwickelt sich daraus ("zeugt", "wird", "springen", "dringen", "wächst", "ringen").[165] Sogar wenn nicht wirklich eine Entwicklung bzw. ein Ablauf vorliegt, wird doch das Positive als aus dem Negativen entstehend dargestellt: "Die Märtyr=Kron/ wächst aus vergossenem Blut" (Vers 6). Tatsächlich ist der Märtyrertod das abrupteste der bezeichneten Geschehen; die Einfügung des Verbes "wachsen" entspricht

---

des Pegasus.

[164] Siehe dazu Sonett 243.

[165] "Die Unausbleiblichkeit, mit welcher das Glück dem Unglück folgt, hat beinahe den Charakter eines Naturgesetzes...Aber die Dichterin geht weiter; das eine ist sogar Voraussetzung für das an-

der Einfügung von "muss" in Vers 4: der Gedankengang soll einheitlich durch Parallelbeispiele das Argument weiter und weiter erhärten, und wo der Vergleich hinkt, wird das entscheidende Wort eingeschoben.

Die beiden Fälle, in denen die herbeigezogenen Beispiele erst leicht verändert werden mussten, ehe sie das dem Sprecher Wesentliche enthielten, sind nicht nur ein Beweis für das Geschick, mit dem hier Bilder zubereitet werden, bis sie den Gedankenablauf zwingend unterstützen, sondern vor allem erhellen sie eindeutiger den Aussagegehalt des Arguments, als die vollkommenen Beispiele das konnten. Im ersten Fall (Vers 4, "muss") wurde die Notwendigkeit der Verbindung, die Kausalität von Positivem aus Negativen verdeutlicht, das zweite Mal (Vers 6, "wächst") der Entwicklungsprozess, in dem Positives und Negatives als Abschnitte desselben Ablaufs erscheinen, die durch eine zielgerichtete Bewegung miteinander in Verbindung gebracht werden. Die zweite Hälfte des Sonetts erweitert die bisher aufgestellte Verbindung von "Creutz" als Vorstufe zu "Früchten" dahingehend, dass die "Frucht" gerade durch ihren Kontrast mit dem Negativen, aus dem sie entsteht, gewinnt. Dabei wird der Entwicklungsprozess des "Früchte Bringens" über dem erhöhten Impakt der Gleichzeitigkeit von Leid und Frucht, dem "im Leiden" Früchte Bringen, vernachlässigt und der allem bisher Gesagten schon innewohnende Kontrastwert nachträglich betont und in den Vordergrund gerückt, so dass die "schöne Sach" in ihrer Köstlichkeit, ihrem Wert, hervortritt. Das Bewunderungswürdige einer Perle wird noch viel bewunderungswürdiger ("edler"), wenn sich der Beschauer vergegenwärtigt, dass sie im Salzwasser gefunden wird; in der glühenden Asche erscheint das in ihr schmelzende Gold nur noch kostbarer ("vollkommen"); das Wasser wird zum besonders geschätzten Labsal ("süss"), wenn gerade vom "harten Fels" die Rede war; die Rose ist ohne weitere Erklärung ein Wunder, wie sie lieblich über den Dornen thront; und der Lohn eines Märtyrers

---

dere.", sagt Daly, op. cit., S.99.

gewinnt besonderen Wert ("Kron"), da er aus dem Erleiden einer Gewalt-
tat gewonnen wird.

All dies wird nachträglich angerührt, wenn der zweite Teil des
Sonetts so beginnt: "Frucht in Geduld/ ist köstlich/ aber schwer",
was dann seinerseits das Folgende illustriert: "In Winters Zeit/
schätzt man die Frucht vielmehr: weil seltsam ist/ sie damals zu
erlangen" (Vers 10-11). Nicht nur ist Leid die Vorstufe und Bedingung
für die Frucht; es ist auch der Hintergrund, der die Frucht im besten
Licht erscheinen lässt.[166]

Noch eine Dimension tut sich auf, die den Kontrastwert von Leiden
und Frucht weiter ausbaut: Nicht nur besonders köstlich erscheint die
Frucht vor ihrem Hintergrund von Leid, sondern durch die Leistung, die
unter widrigen Umständen aufgebracht werden musste, damit es dazu kam
("schwer"), erhält sie eine moralische Wertung, die sie weiter hervorhebt: Man "schätzt" sie "vielmehr", sie wird noch weit bemerk-
enswerter durch ihre widrigen Entstehungsumstände: "weil selstsam
(=ungewöhnlich) ist/ sie damals zu erlangen".

Diese Dimension der beachtlichen Leistung wird schon in den Ver-
balkonstruktionen vorbereitet, die ab Vers 8 aktive Verben enthalten:
"ringen", "erlangen", was auf das "bringen" in Vers 1 zurückverweist.
In den Allegorien, die sich nicht auf Personen bezogen (Verse 2-7),
zeigt sich das Positive als das Ergebnis eines passiven Vorgangs:
Perlen, Gold und sogar Märtyrerkrone werden, wachsen, und Quelle und
Rose handeln nur scheinbar selbst, sind aber tatsächlich auch nur

---

[166] Kimmich diskutiert dieses Sonett ausführlich. Zu dem bisher
analysierten Teil sagt sie: "Intellectually, formally, and materially
its first eight lines are void. A long list is its own destruction.",
und "the coherence of (the 1st line and the sestet) is lost in the
course of the list". (Diss., S.40-41) Ihre Analyse demonstriert,
dass keine Untersuchung der Konstruktionsmethode eines Sonetts möglich
ist, wenn sie nicht durch sorgfältige Gehaltsanalyse unterstützt wird.

Früchte des Waltens der Natur. Sobald aber der Gedankengang von diesen Beispielen zu einer nach aussen gewendeten Geste übergeht, sobald Worte wie "man" und "wer" auftauchen, scheint die Vorstellung von eigener Aktion und Leistung untrennbar von Frucht. Der gleitende Übergang von selbstverständlichen, automatisch verlaufenden Naturvorgängen zu mühsam errungenen Früchten lässt die Leistung als naturnotwendig und das Ringen, die Mühe, als zwingend dem Positiven vorausgehend erscheinen, so dass auf neue, moralisch wertende Art Frucht mit "Creutz" und Plage notwendig verbunden erscheint.

Dabei geht des Wort "will", das sich eingeschlichen hat, fast unter, sobald die Beispiele zu aktiver Leistung überglitten: "Wer hoch will seyn/ muss nach der Hoheit ringen" (Vers 8). Perlen, Gold, Brunnen, Rose und Märtyrer hatten keine Wahl; der "Christlich Helden=muht" ist ein selbstverständliches Ideal für jeden Christen; aber das Streben nach "Hoheit" basiert auf eigener willkürlicher Entscheidung und setzt die Motivation voraus, in diese Richtung gehen zu wollen. Das ist eine ganz persönliche Sache, nicht eine Naturnotwendigkeit und keineswegs eine christliche Forderung. Dies "Ringen" um Hoheit ist eine selbstauferlegte Not, nicht eine gegebene oder geforderte, mit der man irgendwie fertigwerden muss; sie zielt auf ein Ergebnis, "Hoheit", das für die dafür ertragenen Leiden entschädigen muss.

Die Einschiebung des Satzes "Wer hoch will seyn/ muss nach der Hoheit ringen" in dem besprochenen Zusammenhang kann als Beispiel einer gewollten Verschlüsselung gesehen werden;[167] Ein persönlicher Aussagegehalt wird in allgemeine Form gekleidet und darüber hinaus in einen Zusammenhang gestellt, der von dem Kern der Aussage kunstreich ablenkt. Lyrisches versteckt sich neben und unter Nicht-Lyrischem; als Verschlüsselungsmechanismus dient das Argument, das von allgemeinen Wahrheiten und naturnotwendigen Abläufen zu einem gewollten,

---

[167] s. dazu das erste Kapitel.

individuell erstrebten Ziel gleitet.

Das Schlussterzett bringt den Abschluss der dynamisch ringenden
Bewegung und tätigen Haltung im Leiden, das Ziel. Zwei Verse fassen
zusammen, wie es dazu kommt: Wer von "sauss und brauss", von "knall
und strahl" nicht abgelenkt wird, sondern sich gerade dadurch zu
seinem Ziel geleiten lässt ("sauss und brauss" etc. sind auch das Subjekt des zweiten Satzes), der erhält die Belohnung.

Bevor diese Belohnung eingehender betrachtet wird, muss Aufmerksamkeit auf das ihr vorangestellte Ziel gewandt werden. "Wen sauss
und brauss/ wen knall und stahl nicht irrt/ zum Himmels=Port der
Tugend=Frücht' hinführt", heisst es. Dies ist das vierte Mal, dass
"Frucht" genannt wird. Bisher schienen Früchte immer das notwendige
Ziel zu sein, auf das die Bewegungen hinstrebten; hier aber haben
diese Früchte selbst einen "Port", einen Heimathafen, zu dem durch
"sauss und brauss" jemand geführt wird. Die Früchte sind also nicht
selbst das Ziel; sie sowohl wie der, der sie "bringt" bzw."erlangt",
zielen auf ein Weiteres: "der wird mit Preiss der Creutzbesiegung
prangen" (Vers 14). Hier findet die Bewegung ihr Ende; der bisher
Leidende, Ringende kommt zur Ruhe, er hat gesiegt, das Leiden überwunden, und sein Lohn ist dieser: "Prangen" mit dem, was er gleistet
hat, "Prangen" mit der Überwindung des "Creutzes".

Aber das ist nicht alles: "Prangen", heisst es," mit Preiss der
Creutzbesiegung"! Er wird mit Lob, Lobgesang prangen, d.h. er wird
herrlich die Überwindung besingen. Möglich ist auch dies: Er wird
herrlich erscheinen, Ruhm und Ehre gewinnen wegen dieser Überwindung.
Dies " mit Preiss der Creutzbesiegung prangen" bleibt doppeldeutig.
Ob der Überwinder des Leidens wegen dieser Leistung lobenswert
erscheint und mit dem Lob, das man ihm wegen dieser Überwindung spen-
det, "prangen" wird, -oder ob er selbst die Überwindung besingt und

durch diesen "Preiss" der Überwindung von Leiden sich Ruhm und Ehre
verdient, ist nicht zu entscheiden. In jedem Fall erreicht er damit
ein Ziel, das mit den "Tugend=Früchten" in Zusammenhang steht, die im
gesamten Sonett mit Leiden und "Creutz" in notwendiger Verbindung dargestellt wurden; und dieses Ziel wird selbst im Schlussterzett noch
einmal als der Grund für Preis und Prangen genannt.

Viermal werden "Früchte" bzw. "Frucht" bezeichnet; nur einmal
sind sie direkt näher bestimmt: "Tugend=Frücht'", was nicht mehr sagt
als schon vorher Vers 1 ("Frucht in Geduld/ ist köstlich/ aber
schwer"), d.h. sie werden nochmals moralisch positiv gewertet.
Theoretisch könnte hier die Rede von Selbstüberwindung oder Bewährung
und von Festigkeit im Leiden sein. Aber die das Sonett durchziehende
Dynamik, die dringliche und sogar forcierte Herausstellung der tätigen
Haltung im Leiden, lässt diese Möglichkeit nicht wahrscheinlich werden. Das Leiden ist ja so unlöslich an das aus und in ihm Entstehende,
das seinetwegen Bewundernswerte gebunden, dass das Resultat, die
Frucht, ohne das Leiden gar nicht zu definieren ist. Ohne das Leiden
und "Creutz" wären die Früchte weder vorhanden ("wer hoch will seyn/
muss nach der Hoheit ringen") noch bemerkenswert, köstlich oder wertvoll.[168] Das Leiden ist nötig, um die Frucht überhaupt zustande kommen
zu lassen (Verse 2-8); es ist auch nötig, um die Frucht ins rechte
Licht zu stellen. Die Frucht wird im Sonett ausschliesslich über das
Leiden definiert; sie nimmt nur von daher Gestalt an; aber auch das
Leiden selbst bleibt ohne nähere Bezeichnung; es wird seinerseits nur
über die Frucht zu mehr als einer isolierten Tatsache. Durch seine
Verbindung mit der Frucht aber wird das Leiden sinnvoll, gehoben,

---

[168] Das eine Argument hebt das andere auf, was die Dringlichkeit
der Verbindung der beiden Pole in ihren nicht logisch ineinander-
greifenden Aspekten nur unterstreicht. J. Dyck sagt: "...der
Beobachter sieht sich in ein Netz von Definitionen und Behauptungen
verstrickt, die zwar einander widersprechen, trotzdem aber nicht
willkürlich oder gar unsachgemäss erscheinen." Joachim Dyck, Ticht-
Kunst. Deutsche Barockpoetik und rhetorische Tradition (Bad Hamburg,
1966), S.113.

unerlässlich und zum Anlass von Preis und Prangen. Es hat sich als "nutzbar" erwiesen; es kann nicht nur ertragen und überwunden werden, es ist notwendig.

Nicht Frucht oder Leid, sondern die Verbindung von Leid und Frucht steht im Zentrum der Aussage, der dynamische Prozess nämlich, der einmal selbständig als Naturgesetz abläuft, zum anderen aber für den Menschen ein Ringen und Streben bedeutet. Leid ist gegeben, es existiert; Früchte werden sicher und gewiss erwartet; -das Früchte-Bringen ist der Gegenstand, der hier vorliegt und der Aufmerksamkeit bekommt. Es ist "schön", aus Leid und in Leid Früchte zu bringen; es ist "schwer", unter solchen Umständen Früchte zu bringen; es ist lohnend ("prangen"), diese Früchte zu bringen.[169]

Das Leid so zu "nutzen", ist sinnvoll, löblich und lohnend. Sind die Früchte einmal gebracht, dann ist die Verbindung von Leid zu seinem Ergebnis gezogen, und es folgt der Lohn, der entweder darin besteht, für diese Leistung hoch angesehen zu werden, oder das gerade Geleistete zu beschreiben und herauszustellen, was dann seinerseits eine lobenswerte Tat ist. Diese letzte Möglichkeit ist dann besonders sinnvoll, wenn die Beschreibung des Geleisteten zum Nutzen anderer als dem des Beschreibenden gemeint wäre, als Lehre und Beispiel zur Nachahmung. Diese Deutungsmöglichkeit würde diesem Sonett einen doppelten Sinn verleihen: Einmal wird Leid für ein Individuum zum

---

[169] Es muss an dieser Stelle erwähnt werden und sollte überall da, wo von "Früchten" die Rede ist, in die Betrachtung einbezogen werden, dass Catharina der Fruchtbringenden Gesellschaft nahestand, deren Motto war "Zu mancherlei Nutzen". (Martin Bircher, Johann Wilhelm von Stubenberg (1619-1663) und sein Freundeskreis. Studien zur österreicherischen Barockliteratur protestantischer Edelleute (Berlin,1968), S.47). In diesem Rahmen sind "Früchte" Gedichte, literarische Erzeugnisse. Es ist in dieser Arbeit jeder Schluss aus der lyrischen Aussage gezogen worden, so auch die Gleichsetzung von Früchten mit Dichtung. Es ist aber nur sinnvoll, auch das zu berücksichtigen, was jedem Dichter und Leser des 17. Jahrhunderts selbstverständlich war.

sinnvollen und produktiven Lebensinhalt, der über sich hinausführt und "Früchte" bringt, die sich von ihrem negativen Ursprung wohltuend abheben, wodurch er selbst von seinem Stachel befreit wird. Zum anderen werden diese "Früchte" über ihre Funktion, im Leben des Individuums Erleichterung zu schaffen, hinaus in einen öffentlichen Dienst gestellt; das Überwinden des Einzelnen, sein Fruchtbarmachen des "Creutzes", kann anderen nutzbar werden, indem es ihnen beispielhaft dargestellt wird. So ist "Des Creutzes Nutzbarkeit" eine private und eine öffentliche: Tätiges Überwinden von Schwerem führt zum "Himmels=Port der Tugend=Frücht'", jeder -"man"- kann dahingelangen, wenn er sich die allgemeinen Beispiele von V.2-8 und das besondere hier vorliegende zu Herzen nimmt und von Leid weder irregeführt noch zum Stillstand gebracht wird. Das sprechende Individuum, das sich zurückhaltende lyrische Ich dieses Sonetts aber ist vor allem von der Schönheit und der Löblichkeit des Überwindens eingenommen; das Überwinden ist ihm im Darbringen der Früchte sinnvoll über das Resultat, das Erreichen des "Ports", hinaus. Und letztlich führt es über Schönheit und Löblichkeit der Darbringung noch weiter zu "Prangen", zu besonderem Lohn.

Was wird hier wirklich erstrebt, Früchte oder der "Port" der Früchte? Zweifelsohne steht der Lohn mit "Himmel" in Verbindung, aber das muss nicht religiös gemeint sein. "Creutz", "Märtyr=Kron", "christlicher Helden=Muht" und "Himmels=Port" bestimmen des Sonett nicht notwendig zu einer Predigt. Wie schon oft beobachtet, sind diese Wörter auch hier vor allem Wertungen, Bezeichnungen für Wünschenswertes, Bewunderungswürdiges, Hohes (bzw. exemplarisch Schweres wie bei "Creutz"), dessen Impakt ohne jede weitere Ausführung vorausgesetzt werden kann. Der Lohn ist also eindeutig nur als positiv zu sehen, als "schön" und "köstlich" sowohl wie als schätzenswert ("Himmel"). Zu ihm führt das Leid, er ist gleichzeitig auch das Ziel der Tugend-Früchte. Wer es erlangt hat, dessen Lohn ist Preis und Prangen, d.h. eine sichtbare Anerkennung, - eine, die er selbst gestaltet, oder eine, die ihm dargebracht wird. Ist er fähig, selbst "Preiss der Creutzbesiegung" zu sagen, prangt er mit der Besiegung sowohl wie mit deren Preis. Hat er nur "Creutzbesiegung" geleistet, gewinnt er nur dafür Ehre. Ist er ein Dichter, befasst er sich neben einer Leistung in seinem Leben mit der Darstellung derselben; denn es kann ihm nicht genug sein, Schweres überwunden und ein Ziel erlangt zu haben, er muss sein Erlebnis gestalten, - aber nicht nur für sich, sondern auch zum Nutzen anderer, die zumindest den Teil seiner Leistung, der allgemein nachvollziehbar ist, sich zum Vorbild nehmen können.

Ist dieses Sonett unpersönlich, Gemeinde-orientiert und nicht die Gestaltung eines individuellen Erlebnisfeldes? Das ist bereits seit dem ersten Vers nicht wahrscheinlich, der einen zu deutlichen Einsatz des Sprechers enthält; und der Gedankengang des Arguments mit seinen künstlichen Nachhilfen zur Verstärkung bestimmter Aussagen bezeugt ein präzises Manipulieren der Beispiele[170] zu einem Zweck, der bei genauer Betrachtung nicht einfach "Christliche Lehre" genannt werden kann. Dass Unglück und Leid "nutzbar" gemacht werden, ist zwar auch anderen Menschen mitteilbar, und solange die Lehre, die aus diesem Sonett gezogen werden kann, sich auf tätige Haltung im Leid beschränkt, fällt sie nicht aus dem Rahmen nicht-lyrischer Gebrauchsdichtung.

Aber die Weise, wie hier Unglück und Früchte in eine notwendige Verbindung gezwungen werden, wie sogar durchblickt, dass Schweres wegen seines irdischen Lohnes freiwillig gesucht werden kann, und wie die Früchte dann noch weiterhin fruchtbar gemacht werden und zu Preis und Prangen führen, -all das ist die Gestaltung von Persönlichem: Für alle Christen und für sich selbst weist das Ich darauf hin, dass Leid

---

[170] S.M. Slocum: "(Die) besonderen Stilmerkmale...bezeugen den Anteil des Intellekts an der Dichtung; sie verweisen auf einen bewusst manipulierenden, seine Materie durchdenkenden Dichter." op. cit., S.107.

zum "Himmels=Port der Tugend=Frucht hinführt"; es gestaltet den Weg dahin, anderen zum Beispiel, sich selbst zum Ruhm.

Sein eigener Ruhm ist dabei nicht ein zufälliges Nebenprodukt. Vers 8 in Verbindung mit Vers 14 rücken "Hoheit" und "Prangen" ins Zentrum des Sonetts.[171] Hier münden die Aussagen des Oktetts und des Sextetts. Die einzigen nicht auch allgemein gültigen Worte sind hier zu finden, und der Ausruf des ersten Verses unterstreicht, was das für den Dichter bedeutet: "ein schöne Sach". Das "Creutz" ist auf vielfältige Weise nutzbar gemacht.

In einem biographischen Zusammenhang erhält dieses Sonett noch eine weitere Dimension durch den Anklang an die Gesellschaftsnamen adliger Österreicher in der Fruchtbringenden Gesellschaft. Der Kreis um Stubenberg, der zumindest dem Namen nach der Dichterin bekannt gewesen sein muss, nannte sich "Der Unglückselige" (Stubenberg), "Der Unverdrossene" (Karl Gustav v. Hille, Freund Stubenbergs), "Der Unveränderliche" (Christian II, Freund zahlreicher adliger Oester- reicher), "Der Geduldige" (Roggendorf), "Der Leidende" (Starhem- berg).[172] Catharinas späterer Freund war Anton Ulrich "Der Sieg- prangende". (Catharinas späterer Name in Zesens Gesellschaft lautete "Die Tapfere").

In diesen Namen klingt derselbe Grundgedanke an, den Sonett 82 ausdrückt: Widrige Umstände und literarisches Schaffen stehen in einer fruchtbaren Verbindung; das Leben und Tun derer, auf die hier möglicherweise verschlüsselter Bezug genommen wird, beweist anschau- lich, was das Sonett nur sprachlich bieten kann. Für die informierten zeitgenössischen Leser bedeutete dieser Anklang sicherlich eine

---

[171] Zum Motiv "Dichterstolz" s. Ernst Robert Curtius Europäische Literatur und lateinisches Mittelalter (Bern, München, 1967), S.447- 78, und Jacob Burckhardt, Die Kultur der Renaissance in Italien (Stuttgart, 1958), S.133 f..

Bereicherung der lyrischen Aussage, die dem modernen Leser nur noch die Forschung übermittelt.

Sonett 46 behandelt Unglück indirekter; im Vordergrund steht die Allmacht Gottes, die Widriges beseitigen kann, die "unverkürzte Hand Gottes". Wie schon mehrmals gezeigt, hat der erste Vers programmatischen Charakter; er setzt den Ton und engt das Thema ein: In emphatischer, rhetorischer, d.h. eine verneinende Antwort von vornherein ausschliessender Frage wird aufgeworfen, ob "unsere Noht" wohl grösser als Gottes Hilfe sein könnte. Das erste Quartett impliziert in der Kennzeichnung der Not bereits die Hilfe; ist das Unglück "lang' und hoch", so hat Gott einen Arm, der "hinreicht" und "durchstreicht". Gewissheit klingt überall durch, von dem "Wie?" über das "wol" zu "doch"; und Vers 4 fasst zusammen, was erwartet werden muss: "Er kann die Trübsal auch/ Allherrschend überwinden".

Auch das zweite Quartett legt den Ton auf Gottes Allmacht und geht auf die Not nicht näher ein, als sie als gewisse Folge hinzustellen "ohn sein' Erhaltung", wieder mit der starken Betonung eines Ausrufs ("Mein") und völliger Sicherheit. Aussagen über die Not stehen im Irrationalis, die Festellungen über Gottes Wirkung im schlichten, faktischen Indikativ. Diese Aussagen stellen den Schöpfergott mit dem Schützergott in Parallele und dehnen das Argument dahin aus, dass der Gott, der alles geschaffen hat und zweifelsohne alles erhält, "alles auch verschwinden" machen kann. Wären nicht schon die Worte "Noht" und "Trübsal" gefallen, könnte dies Verb nur überraschend wirken. Tatsächlich aber ist es nur das letzte einer ganzen Kette, die alle dahin zielen, den Eindruck zu erwecken, dass auf die "Noht" und "Trübsal" eingewirkt wird: "überwinden", "gehorcht", "weicht", "schützen". Gott der Schöpfer kann seine Allmacht auch zum Beseitigen

---

[172] M. Bircher, op. cit., S.39 f..

Uber die unverkürzte Hand Gottes.

WJe? solt wol unsre Noht den Allmachts
Arm selbst binden?
ist sie zu lang' und hoch/ daß dieser nicht hinreicht/
der doch die Meer=Abgründ' und Sternen=Kreiß
durchstreicht?
Er kan die Trübsal auch/ Allherrschend überwinden
Mein sagt mir / was sich würd' ohn sein' Erhaltung finden/
dem iedes Ding gehorcht/ auch iede Sache weicht?
das schützen ist Ihm so/ wie das erschaffen/ leicht.
der alles werden heist/ macht alles auch verschwinden.
Dir/ dir befihl ich mich/ du Allerschaffungs Hand/
mit dir getraut' ich mir auch übermenschte Thaten
zu üben/ ob sie auch schon über Krafft und Stand.
das was du segnest / geht (tobt Höll und Welt)
von statten.
Ich zweifle nun nicht mehr (kan ich schon nichts)
an mir.
Mein ganze Kunst ist die/ geleitet seyn von dir.

Uber

Uber GOttes unbegreiffliche Regi-
rung/ seiner Kirchen und Glaubigen.

WEr kan deinen Sinn ersinnen/ unerfinter
Gottheits Schluß?
dein' Unendlichkeit verschwämt alle Fünklein der
Gedanken.
dir ist gleich mein Urtheil=Liecht / wie dem Meer
ein kleiner Fanken.
All mein gründen / ist gegründet im ungrundbarn
Gnadenfluß:
Da ich/ dir die Ehre gebend/ mir auch Hoffnung
geben muß.
weil dein' Allmacht ohne End'/ ist auch dieser ohne
Schranken:
weil die Grundfest nimmermehr/ kan auch das Gebäu nicht wanken:
denn dein Ehr erhält' die Spitzen / auf der Gnad
besteht der Fuß.
Ach wie kan / was GOttes Hand bauet/ hält
und schützet/ fallen?
kan auch seiner Allhülf steur/ einigs Erd' widerspiel?
Aller weltlich Widerstand muß mit Schand zu
rucke prallen/
oder Kunst-verkehrt selbst dienen/ zu dem GOtt-
erwehlten Ziel.
faß dir tausend Herz/ mein Herz ! deine Sache tref-
lich stehet/
durch viel tausend widerstand in ihr rechtes Ziel
doch gehet.

Au

Über die unverkürzte Hand Gottes.

WIe? solt wol unsre Noht den Allmachts=Arm selbst binden?
ist sie zu lang' und hoch/ dass dieser nicht hinreicht/
der doch die Meer=Abgründ' und Sternen=Kreiss durchstreicht?
Er kan die Trübsal auch/ Allherrschend überwinden.

Mein sagt mir/ was sich würd' ohn sein' Erhaltung finden/ dem
iedes Ding gehorcht/ auch iede Sache weicht?
das schützen ist Ihm so/ wie das erschaffen/ leicht.
der alles werden heist/ macht alles auch verschwinden.

Dir/ dir befihl ich mich/ du Allerschaffungs Hand/
mit dir getraut' ich mir auch übermenschte Thaten
zu üben/ ob sie auch schon über Krafft und Stand.

das was du segnest/ geht (tobt Höll und Welt) von statten.
Ich zweifle nun nicht mehr (kan ich schon nichts) an mir.
Mein ganze Kunst ist die/ geleitet seyn von dir.

---

von Widrigem einsetzen. Nicht nur kann er das und fällt es ihm "leicht", - er tut es auch: "der alles werden heist/ macht alles auch verschwinden."

Das Oktett enthielt bisher keine deutlich persönlich gefärbte Aussage; nur die "unverkürzte" Hand Gottes und die auf Gottes Überwinden und Verschwinden-Machen gerichtete Argumentation, die sich recht unauffällig in die Erklärungen von Gottes Schöpfertum und Allmacht einschiebt, lassen durchblicken, dass dies Sonett nicht zum allgemeinen Lob Gottes und seiner Macht, sondern zum Hervorheben spezifischer Wirkungen Gottes verfasst ist.

Das Sextett wird deutlich persönlich; das Ich spricht über sich. Aber es hält die Richtung der Aussagen; Gott rückt in den Brennpunkt durch direkte Ansprache, -oder so scheint es. Wieder einmal ballt sich der Anruf an Gott: "Dir/ dir...", und wie in Sonett 5 das dreimalige "Gott! Gott! Gott! ist der Zweck/ den ihm mein kiel erkoren" durch seine Emphase andere mögliche Ziele des Schreibens für den Leser erst in Betracht zog, so scheint auch hier das "Dir/ dir befihl ich mich..." gewollt und überbetont. Nach der Sicherheit und Gläubigkeit aller vorangegangenen Aussagen wäre es nur selbstverständlich, sich einem solchen Gott zu befehlen; das benötigte keine laute Versicherung, und das Argument, der Rhythmus allein habe diese Wiederholung erzwungen, löst sich in Anbetracht von Catharinas Sprach-Kunst auf. Es muss deshalb für das Ich noch ein weiterer Grund über seine Bewunderung Gottes hinaus dafür existieren, dass es sich Gott in dieser Deutlichkeit widmet, und warum es ihn jetzt mit dem Namen "Allerschaffer" anspricht, wo doch vorher die Aussage bereits viele Namen für ihn enthielt.

Verse 10 und 11 geben hierüber Aufschluss; mit Gott würde das Ich sich Taten zutrauen, die ihm allein nicht möglich wären, da sie über Menschenkraft und "Stand" gehen. Diese Aussage steht wieder im

Irrationalis, d.h. ihr Inhalt ist nicht realisiert, ist nur eine Möglichkeit "mit dir". Der Widerstand, der im Oktett nur formelhaft Eingang fand ("unsre Noht", "die Trübsal"), obwohl Gottes Macht auf ihn hin definiert wurde, nimmt hier deutlichere Gestalt an. Ohne Gott gehen die "übermenschten Thaten" "über Krafft und Stand". "Krafft" bezeichnet die persönliche Unfähigkeit zu solcher Leistung, "Stand" die Unmöglichkeit, die in den äusseren Umständen begründet liegt.

Schon einmal sahen wir, dass sich ein lyrisches Ich über die Restriktionen seines "Standes" beklagte. In Sonett 88 hiess es: "Trutz/ dass man mir verwehr..., die man/ Welt-Unverwehrt/ in allem Stand kan haben". Hier freilich wird der Protest über die Widrigkeit der Situation des Sprechers, die auch allgemeiner bleibt, nicht so klar ausgesprochen, und die Hinderung an der Vollbringung grosser Dinge ist auf die Schwachheit des Sprechers ausgedehnt. Trotzdem ist auch hier diese Hinderung, diese "Noht" und "Trübsal", der Angelpunkt der Aussage, so sehr sie auch auf formelhafte Erwähnung reduziert und durch die Hervorhebung der Lösungsmöglichkeit, der Hilfe Gottes, überspielt wird.

Das letzte Terzett treibt denselben Gedanken weiter; das "mit dir" wird zu "das was du segnest". Bisher übergab sich das Ich dem Allmächtigen, dem Allerschaffer, und sah in diesem Anschluss allein schon die Möglichkeit des Überwindens seiner Schwierigkeiten. Jetzt nimmt das Ich Gottes Segen als gegeben an und setzt ihn als genauso selbstverständlich voraus, wie Gottes Allmacht im Oktett. Das bedeutet, dass inzwischen das Ich eine direkte, auf sein Vorhaben bezogene Aktion Gottes erwartet und nicht nur seine eigene Hingabe an Gott voraussetzt. Nirgendwo klingt ein Zweifel an, dass dieser Vorgang vielleicht nicht ganz so automatisch ablaufen könnte. Ein Ich widmet sich Gott, nachdem es sich dessen Macht und Hilfsfähigkeit in seiner besondern Notlage vor Augen gestellt hat, und sogleich traut es sich "übermenschte Thaten" zu, und ebenso gleichzeitig ist es Gottes Segens gewiss, der das, was vor dieser Versicherung unmöglich war, jetzt "von statten" gehen lässt. Noch einmal werden "Krafft und Stand" als die Hinderungen erwähnt, wieder ganz nebenbei -hier in Klammern- als Neben- oder Nachgedanken verkleidet: "(tobt Höll und Welt)" = "Stand" und "(kan ich schon nichts)" = "über Krafft". Der Haupsatz enthält nur Positives, Sicheres.

Etwas hat im Laufe des Sonetts die Haltung des Ich verändert. Dies kann nicht das Gottvertrauen sein, das es vom ersten Vers an laut proklamiert hat. Das, was es verändern wollte, waren "Noht" und "Trübsal", die Beschränkung von "Krafft und Stand". Vers 13 sagt direkt über die Veränderung aus: "Ich zweifle nun nicht mehr... an mir". Diese Aussage setzt die Not und Hinderung in direkte Beziehung zum Seelen- und Gemütszustand des Sprechers; Selbstzweifel lagen dem Unvermögen zugrunde. Ein Ausweg daraus wird gefunden über die Vergewisserung von Gottes Allmacht und Hilfe aus Schwierigkeiten, über das Sich-ihm-Anvertrauen, und sein Segen ist damit das Resultat dieser Zusammenarbeit; er wird sich einstellen.

Die Schlusszeile, auf der Oberfläche eine Apologie, d.h. eine rhetorisch vorgeformte Aussage, in der das Ich bescheiden alles Verdienst abwehrt, ist gleichzeitig eine Beschreibung und Zusammenfassung des in diesem Sonett Geleisteten: "Mein ganze Kunst ist die/ geleitet seyn von dir". Gottvertrauen ist in Selbstvertrauen umgemünzt worden. Das Gottvertrauen des Ich hat Implikationen, die weit über christliche Gläubigkeit hinausreichen; es ist Mittel zu "übermenschten Thaten". Über die Versicherung der Ermöglichung dieser Taten durch die Hilfe Gottes bringt es das Ich fertig, mit seiner eigenen Unvollkommenheit ("kan ich schon nichts") und den Widrigkeiten seines Lebens ("tobt Höll und Welt") auszukommen, sie in Gläubigkeit und Gottvertrauen aufzuheben und so zu beseitigen und sich darüber hinaus eines Erstrebten ("Thaten") zu vergewissern. Das alles findet jenseits jeder Angreifbarkeit statt; denn "übermenschte Thaten", wenn von Gott gesegnet und "mit ihm" vollbracht -die Möglichkeit, dass Segen und Hilfe ausbleiben könnten, wird nicht betrachtet- können nur positiv aufgenommen werden. Dessen versichert sich das Ich.

Schon in Sonett 82 wurde gezeigt, dass das Ich Unglück sich für etwas ihm Wesentliches nutzbar macht. Ausser den "übermenschten Thaten" und allgemeinen Worten wie "was" und "mein ganze Kunst" (was Können und Erfolg in allgemeinerem Sinne als Werk oder Dichtkunst bedeuten kann und hier sich gewiss zunächst auf die Leistung des Nutzbarmachens von Not und Trübsal bezieht) erfährt man direkt nicht, worauf das Ich denn hinzielt, was denn "von Statten" gehen soll. Aber es gibt Hinweise, die eine Einengung der Möglichkeiten erlauben. Das Sextett greift von all den im Oktett genannten Eigenschaften Gottes die heraus, die mit der Beseitigung von Widerständen direkt nichts zu tun hat, seine Schöpferkraft; und derselbe Satz, in dem Gott "du Allerschaffungs Hand" genannt worden ist, nennt dann die "Thaten", die das Ich sich nun zutraut. Dies legt den Gedanken nahe, dass es um etwas zu Schaffendes geht, um etwas, das Schöpferkraft, schöpferische Kraft, verlangt, die im Zusammenwirken mit Gott aktiviert wird. Ferner findet sich in demselben Satz ein Wort, das in der bisherigen Analyse nicht berücksichtigt worden ist: "mit der getraut' ich mir auch übermenschter Thaten", das aber in Zusammenhang mit dem Irrationalis aufschlussreich ist. Mit Gott waren dem Ich "auch" solche Taten, sogar solche Taten möglich (diese Lesung legt Betonung auf "übermenschter"). Ohne Gott scheint es bereits Taten zu geben, die die Vorstufe dieser weiteren darstellen und in der Realität bereits existieren. Der Gedanke liegt nahe, dass hier -wie schon in Sonett 88- zwei Stufen desselben Begehrten benannt werden, das auch hier höchstwahrscheinlich Dichtung bedeutet. Das Wort "Kunst" (im Sinne von Leistung) im letzten, betonten Vers wird in den Sonetten zu oft in Verbindung mit Dichtung gestellt, als dass diese Assoziation hier nicht mitspielen könnte, und bei aller letztlichen Unbestimmtheit der "Thaten" muss man zumindest vermuten, dass das vorliegende Sonett selbst eine "That" und

102

somit die Vorstufe zu Höherem bedeutet. Das Selbstvertrauen stellt sich in demselben Masse ein, wie das Sonett forschreitet; die Vertrauensversicherung, die sich zunächst an Gott richtet, wird in dem Prozess, in dem sie Ausdruck und Gestalt und Substanz findet, ein Agent für die Gewinnung von Selbstvertrauen für das Ich und ein Beweis für dessen Berechtigung. Das Schaffen eines Werkes ist eine Selbstbestätigung; das Schaffen dieses Werkes, in dem Selbstzweifel nicht nur in Selbstgefühl, ja sogar Selbsterhöhung (Vers 10-11), sondern auch in Rechtfertigung und Verwirklichung von Erstrebtem verwandelt werden, erlauben diesen Satz: "Ich zweifle nun nicht mehr...an mir".

In diesem Sonett geht es nicht primär um die Vermehrung der Ehre Gottes, sondern diese wird nur im Zusammenhang und als Voraussetzung für den Erfolg des Ich dargestellt. Dies Sonett spricht über die "unverkürzte Hand Gottes", aber die Reichweite dieser Hand wird durch private Bedürfnisse definiert. Es bleibt eine ungewöhnliche Ausführung des Themas der Allmacht Gottes, wenn die Summe des Gesagten auf eine Erklärung von "mein ganze Kunst" hinausläuft. Zwar lässt sich als allgemeine Lehre verkünden, dass völliges Gottvertrauen zu Gottes Segen und hohen Leistungen führt;[173] aber das Sonett legt die Betonung nicht auf diesen Gedanken, sondern auf den, dass völliges Gottvertrauen zu völligem Selbstvertrauen und berechtigtem Selbstgefühl führt, was dann grosse Taten ermöglicht.

Es wird deutlich, dass der Kern und Ausgangspunkt dieses Sonetts eine persönliche Not, ein Bewusstsein von innerer und äusserer Bedürftigkeit ist. Das Argument wird so geführt, dass diese Not minimalisiert erscheint und in den Hintergrund gezwungen wird und die

---

[173] Daly sagt: "Wenn ein persönlicher Anlass (hinter dem gedanklichen Vorgang) steht, versucht der Dichter doch, das Persönliche zu verallgemeinern," (op. cit., S.124).

Aufmerksamkeit sich auf den Ausweg richtet. Das Ich bedient sich der Vorstellung von der Allmacht und Schöpferkraft Gottes, indem es sie evoziert, befreit sich durch die enge Verbindung, in die es sich so mit ihnen setzt, von der Gebundenheit und Sterilität seiner Existenz und ermöglicht eigene Schöpfung. Irdische Bedürftigkeit wird in einen religiösen Hingabeakt sublimiert; aber das Resultat liegt wieder jenseits von Religion im greifbaren und sichtbaren Lebensbereich des Ich, erscheint als Dichtung, als Vorstufe und Versprechen von noch Höherem. Es ist so irdisch, so weit von den als göttlich betonten Entstehungsvoraussetzungen entfernt, dass es der Rechtfertigung vor menschlichen Augen bedarf. So endet das Sonett mit der Apologie, die eine Serie von Beteuerungen der eigenen Unfähigkeit abschliesst (Vers 11 "ob sie auch schon über Krafft und Stand"; Vers 13 "kan ich schon nichts") und die Fruchtbarkeit des Selbstvertrauens auf die des Gottvertrauens ablenkt: "Mein ganze Kunst ist die/ geleitet seyn von dir" (Vers 14).

Wie in Vers 9 drängt sich bei so starken Protestationen der Gedanke auf, dass ein Grund für diese Beteuerungen bestehen könnte. Sicherlich ist nicht die "ganze Kunst" des Ich, sich blind von Gott leiten zu lassen; es hat eine beachtliche Fähigkeit, Selbsthilfe-Mechanismen zu aktivieren; seine "Kunst" ist eine tätige, selbständige, auch wenn es Gottes "unverkürzte Hand" braucht im doppelten Wortsinn. Es stellt sich heraus, dass seine Not und Trübsal in Tatenlosigkeit begründet liegt; es ist ihm gelungen, diesen Zustand zu verändern, und alle Bedenken wegen Mangel an Bescheidenheit und zu deutlichem Selbstbewusstsein werden ausgewogen durch die Freude über den Beweis des Erfolgs: die erste Tat liegt vor, der Sieg über Trübsal und Not rechtfertigt; das Sonett spricht für sich selbst.

Da die Sonette dieser Sammlung, wie schon erwähnt, nach Themenkreisen gruppiert sind,[174] lassen sich vom Gehalt eines Sonetts Rückschlüsse auf ein benachbartes ziehen, selbst wenn es immer offen bleibt, in welcher Reihenfolge oder in welchem Zeitabstand die Sonette geschrieben wurden.

So ist anzunehmen, dass Sonett 47 mit dem ihm vorangehenden mehr gemeinsam hat, als dass beide eine Eigenschaft Gottes behandeln, und eine Untersuchung bestätigt diese Vermutung: Sonett 47 belegt die Schlüsse, die aus Sonett 46 gezogen wurden. Neu ist hier, dass die Sicherheit und Selbstverständlichkeit des Gottvertrauens sich in Wortspielen niederschlägt. Das erste Quartett gibt eine Beschreibung von Gottes Grösse und Unfassbarkeit; das dem Ich nicht Greifbare und Begreifbare stellt sich in Wortwiederholungen dar, die zwar wie eine unbeschwerte und unverbindliche Spielerei aus Freude am Wort und seinen vielfachen Bedeutungen wirken, die aber wesensmässig rational und intellektuell bestimmt sind[175] und über den Beweis von Witz und Meisterschaft im Gebrauch der Sprache hinaus eine Aussage enthalten, die das Verhältnis des Sprechenden zu dem Beschriebenen erhellt. Wieder einmal drücken Paradoxe den komplexen Gehalt aus, auf den die Aufmerksamkeit des Empfängers gelenkt wird. Das erste, "Wer kann deinen Sinn ersinnen/ unersinnter Gottheits Schluss?", bleibt unaufgelöst stehen und hinterlässt die Vermutung, dass es zwar unmöglich, aber theoretisch zumindest wünschenswert sein mag, dass Gottes Pläne und Gedanken ("Sinn") erforscht werden könnten; geschehen ist das bisher nicht ("unersinnt") (Vers 1). Der Grund wird gegeben: die kleinen Bemühungen zu diesem Ziel ("Fünklein der Gedanken") ver- schwinden im Meer der Unendlichkeit Gottes, da die Unendlichkeit Gottes sie "verschwemmt" (Vers 2). Und weiter wird dasselbe Bild

---

[174] Kimmichs Beweisführung, dass die Dichterin an der Herausgabe der Sammlung nicht unbeteiligt gewesen sein kann und vermutlich sogar sie selbst besorgt hat, überzeugt. (Diss., S.13) Der innere Zusam- menhang benachbarter Sonette wird besonders wahrscheinlich, wenn die Dichterin sie so angeordnet hat.
[175] s. dazu P.J. Daly, op. cit., S.123.

Uber die unverkürzte Hand Gottes.

Wie? solt wol unsre Noht den Allmachts
  Arm selbst binden?
ist sie zu lang' und hoch/daß dieser nicht hinreicht/
der doch die Meer=Abgründ' und Sternen=Kreiß
  durchstreicht?
Er kan die Trübsal auch/Allherrschend überwinden
Mein sagt mir/ was sich würd' ohn sein' Erhaltung finden/
dem iedes Ding gehorcht/auch iede Sache weicht?
das schützen ist Ihm so/wie das erschaffen/leicht.
der alles werden heist/ macht alles auch verschwinden.
Dir/dir befihl ich mich/du Allerschaffungs.hand/
mit dir getraut' ich mir auch übermenschte Thaten
zu üben/ob sie auch schon über Krafft und Stand.
das was du segnest/ geht(tobt Höll und Welt)
  von statten.
Ich zweifle nun nicht mehr/(kan ich schon nichts)
  an mir.
Mein ganze Kunst ist die/geleitet seyn von dir.

Uber GOttes unbegreiffliche Regi= rung/seiner Kirchen und Glau- bigen.

Wer kan deinen Sinn ersinnen/ unersinter
  Gottheits Schluß?
dein' Unendlichkeit verschwämt alle Fünklein der
  Gedanken.
dir ist gleich mein Urtheil=Liecht / wie dem Meer
  ein kleiner Fanken.
All mein gründen / ist gegründet im ungrundbarn
  Gnadenfluß:
Da ich/dir die Ehre gebend/ mir auch Hoffnung
  geben muß.
weil dein' Allmacht ohne End'/ ist auch dieser ohne
  Schranken:
weil die Grundfest nimmermehr/kan auch das Gebäu nicht wanken:
denn dein Ehr erhält' die Spitzen / auf der Gnad
  besteht der Fuß.
Ach wie kan / was GOttes Hand bauet/ hält
  und schützet/fallen?
kan auch seiner Allhülf steur/einigs Erdé widerspiel?
Aller weltlich Widerstand muß mit Schand zu
  rucke prallen/
oder Kunst-verkehrt selbst dienen/zu dem GOtt
  erwehlten Ziel.
faß dir tausend Herz/mein Herz! deine Sache tref-
  lich stehet/
durch viel tausend widerstand in ihr rechtes Ziel
  doch gehet.   Au

Uber

Über GOttes unbegreiffliche Regierung/ seiner Kirchen und Glaubigen.

WEr kan deinen Sinn ersinnen/ unersinnter Gottheits Schluss?
dein' Unendlichkeit verschwämmt alle Fünklein der Gedanken.
dir ist gleich mein Urtheil=Liecht/ wie dem Meer ein kleiner Fanken.
All mein gründen/ ist gegründet im ungrundbarn Gnadenfluss:

Da ich/ dir die Ehre gebend/ mir auch Hoffnung geben muss.
weil dein' Allmacht ohne End'/ ist auch dieser ohne Schranken:
weil die Grundfest nimmermehr/ kan auch das Gebäu nicht wanken:
denn dein Ehr erhält' die Spitzen/ auf der Gnad besteht der Fuss.

Ach wie kan/ was GOttes Hand bauet/ hält und schützet/ fallen?
kan auch seiner Allhülf steuren/ einigs Erden widerspiel?
Aller weltlich Widerstand muss mit Schand zu rucke prallen/

oder Kunst=verkehrt selbst dienen/ zu dem GOtt erwehlten Ziel.
fass dir tausend Herz/ mein Herz! deine Sache trefflich stehet/
durch viel tausend widerstand in ihr rechtes Ziel doch gehet.

ausgeführt. Die "Fünklein der Gedanken", variiert und jetzt deutlich auf das Ich bezogen, sind nun "mein Urteil=Liecht (Vers 3). Wieder ist das dem Ich Eigene nichts in Bezug auf die Grösse und Unfassbarkeit des "Sinnes" Gottes, - oder doch fast nichts; denn ein kleiner Funken findet sich zwar im Meer reflektiert, aber hat keine wesentliche Substanz und deshalb keine Wirkung. Alles bisher Gesagte kreist um die Unmöglichkeit, Gott zu erfassen ("ersinnen"). Was das Ich zu diesem Ziel einsetzen kann, sind der eigene "Sinn", "Gedanken", "Urteil", d.h. die Kräfte seines Verstandes; ob diese Kräfte wirklich aktiviert werden, oder ob von vornherein das Unmögliche des Begehrens solche Versuche unausgeführt lässt, bleibt offen.

Erst Vers 4 wendet sich von der Spekulation und Betrachtung zu Realitäten: "All mein gründen/ ist gegründet im ungrundbarn Gnadenfluss", wobei diese Realitäten auch in der Form eines Paradoxes dargestellt sind. Aber diesmal ist das Widersinnige erschliessbar; denn hier ist die Aussage einen wesentlichen Schritt weitergegangen und greift aus der Fülle der Möglichkeiten eine Wirkung Gottes heraus, die für das Ich wohltuend und ermutigend ist: So unergründlich Gott ist, so "ungrundbar" ist auch der Fluss seiner Gnade, was den vorausgegangenen Gedanken aufgreift und dahin umbiegt, dass hier ein Positives wesentlich eingeht. Denn "ungrundbar" heisst neben "unbegründet" auch "ohne Boden", "ohne Grenze und Ende". Diese neue Aussage ermöglicht es dem Ich, seine Einstellung Gott gegenüber rational zu begründen. "Mein Gründen" erlaubt durch seine dreifache Bedeutung dieselbe Verbindung mit dem vorher dargestellten Gefühl des Überwältigtseins durch die Grenzenlosigkeit Gottes und gibt gleichzeitig einer guten Wendung für das Ich Ausdruck. Denn erstens bedeutet "Gründen" soviel wie Grund der Existenz des Ich, die gerade im Unergründlichen, Bodenlosen der Gnade Gottes fusst, weil solcher Ungrund von Gutem der festeste Grund ist -das Paradox löst sich bei solcher Betrachtung sogleich als logisch erklärbare Wortfolge auf-; und zweitens bedeutet "mein Gründen" soviel wie Be-Gründen, Sinnen

oder Urteil, was eine Verstandesentscheidung vor Gott meint; drittens
kann es soviel wie Anfang, Grundsteinlegung heissen -eine Wortbedeu-
tung, die erst in Vers 12 deutlich ausgewertet wird. Die Unendlichkeit
Gottes hat eine Auswirkung ("Gnadenfluss"), die Anfang, Grund und
Basis der Existenz das Ich sichert, und die das Ich begreifen kann und
will.

Das zweite Quartett führt offen weiter in die eingeschlagene
Richtung und wendet gewisse Eigenschaften Gottes in für das Ich hil-
freicher Darstellung an. Zwar wurde nirgendwo bisher die Sicherheit
motiviert, mit der der "Gnadenfluss" Gottes als so selbstverständlich
gegeben und für das Ich wirkend angenommen wurde. Aber die Logik der
Analogie erklärt die Motivation der Aussage: Wenn das Ich Gott Ehre
gibt, d.h. ihm herrliche Attribute zuspricht, dann ist es nur ein
kleiner Schritt, wenn es diese Attribute konzentriert und auf sich
bezieht und dabei annimmt, dass der so Beschriebene auch für es selbst
wirkt. So ist der Ausdruck von Gottes unendlicher Gnade gleichzeitig
die Begründung für den Ausdruck von Hoffnung für das Ich; Gotteslob
ist durch Motivation wie Ausführung für das Ich wesentlich, es ist
über den Prozess des Hörbar- und Sichtbarmachens identisch mit
Hoffnung.

Dass die Quelle dieser Hoffnung das eigene Sprechen ist, nicht
die konkrete Erfahrung göttlichen Eingreifens, steht im Bewusstsein
des Ich im Vordergrund und wird nicht nur nicht verborgen, sondern
deutlich herausgestellt; "Da ich /dir die Ehre gebend/ mir auch
Hoffnung geben muss".

Der zweite Vers des zweiten Quartetts greift über eine lange
Strecke zurück auf den "Gnadenfluss" (="dieser") und erklärt verspätet
den Schluss, der vorher mit Selbstverständlichkeit dem Empfänger
überlassen blieb: So wie Gottes Allmacht endlos ist, so auch seine
Gnade. Wie wichtig eine lückenlose Argumentation für das Ich ist,

108

zeigt sich an dieser Stelle, wo auf Kosten von Glätte und Deutlichkeit nachträglich ein schon vorher abgeschlossener Gedanke eingehender erklärt wird, und diese Erklärung nur mit Mühe grammatisch an das zwei Sätze vorausliegende Beziehungswort sich anschliessen lässt, wofür der Gedankengang unterbrochen wird, der schon zu Persönlichem weitergeschritten war.

Die Form der Beweisführung dominiert die Aussage.[176] Der dritte Vers dieses Quartetts (und dann sogar der vierte) beginnt wieder mit einem Kausalwort: "Da", "weil", "weil", "Denn". Das Bemühen um Überzeugung drängt sich vor. Bisher war es nicht schwer, sich überzeugen zu lassen, obwohl einige eigene Gedankenarbeit dazu nötig war. Auch dieser Vers verlangt, dass der Empfänger mitdenkt. Es stellt sich heraus, dass die zunächst unmotivierten Ausdrücke "Grundfest", "Gebäu", ebenso logisch an vorher Gesagtes sich anschliessen, wie die vorangegangen Argumente. Denn die "Grundfest" weist zurück auf die Wortspiele des vierten Verses, in denen mit demselben Wortstamm "Grund..." ein Fundament bezeichnet war, Gottes Gnade, auf die das Ich sein "Gründen", seine "Hoffnung", baute. Das "Gebäu" muss deshalb mit der Hoffnung des Ich und damit Verbundenem, d.h. dem Gott-Ehre-Geben, dem Gotteslob im Werk, identisch sein. Hier wird bewiesen, dass dies "Gebäu" deshalb Bestand hat, weil es auf einer festen Basis steht, welche die Gnade Gottes ist. Diese Basis, deren Hinfälligkeit hier emphatisch, mit "nimmermehr", verneint wird, musste noch einen Vers vorher aus anderen unbestreitbaren Eigenschaften Gottes abgeleitet werden, für deren Darstellung die gesamten ersten drei Verse dienten. Nur mit Anstrengung kann man sich diesen Sachverhalt noch bewusst machen. Das Sonett ist so angelegt, dass man zwar jeden Gedanken auf seine Vorbedingungen zurückbeziehen muss, ehe er ganz klar wird; aber

---

[176] Villiger findet ebenfalls diese Tendenz in den Sonetten: "...Dies auch widerfährt dem Menschen, der überall 'kluge Sicherheit' verlangt, der Gedichte mit irrationalen Konditionalsätzen und mit vielen Wenn und Aber schreibt, der alles mit Autoritäten und Paral-

gleichzeitig zieht der Argumentationsfluss so reissend mit den vielen
Beweisen, die einer nach dem anderen 'Sachverhalte' einhämmern, dass
man sich geneigt sieht, den eigenen Verstand nur zur Bestätigung des
Gesagten einzusetzen. Dabei sind all diese Beweise nur richtig
innerhalb ihrer eigenen Annahmen, die wieder auf Annahmen beruhen, die
ihrerseits auf Analogieschlüssen basieren. Das errichtete Gebäude ist
kunstvoll; seine Stabilität, um deren Beweis es geht, beruht auf der
Leistung eines klugen "Gründens".

Das letzte Argument dieser Kette variiert den vorangegangenen
Vers; wieder handelt es sich um etwas, das auf einem anderen basiert,
hier "besteht". Die Grundfeste wird hier direkt "Gnad" genannt,
wodurch die Annahmen der vorangegangen Verse diesmal nicht vom
Empfänger verlangt werden, aber nachträglich sich als richtig
herausstellen. Aber noch eine weitere Basis wird genannt: "Denn dein'
Ehr' erhält die Spitzen". "Erhält" kann hier nicht als "bekommt"
gedeutet werden, sondern muss das Bild des Unterstützens ausdehnen.
Somit ist die Basis des Gebäudes, von dem in Variationen die Rede ist,
neben der Gnade auch Gottes Ehre. Wir wissen, dass das Ich diese Ehre
"gibt"; deshalb bedeutet Gottes Ehre das ihn beschreibende und damit
ehrende Werk. Dieses Werk ist zusammen mit der "Gnade", die zweimal
als Grundfeste bezeichnet wurde, die Basis für eine "Spitzen", und
obgleich es offen bleiben muss, was damit genau gemeint sein mag,
bietet sich doch die Verbindung mit der "Hoffnung" in Vers 5 an, und
der Eindruck eines Erwünschten sowohl wie Hohen, Erhabenen, Überragen-
den, wird trotz der allgemeinen Bezeichnungen vermittelt, wobei es vor
allem auf seine Festigkeit und Beständigkeit ankommt, die auf dem
Aussprechen der Gnade Gottes und ihrer Wirkung im Ausgesprochenwerden
basiert.

Das zweite Quartett war gerahmt von den Aussagen, dass im

---

lelen bewiesen haben muss...", op. cit., S.84.

Gotteslob für das Ich Hoffnung entsteht und dass von diesem Lob, das seinerseits aufgrund der Gnade Gottes möglich wird -insofern, als diese Vorausbedingung und auch gleichzeitig Material des Lobes ist,- ein weiteres Erwünschtes, eine "Spitzen", unterstützt oder bewahrt wird. Das erste Terzett legt alle Verantwortung für das "Gebäu" plötzlich in Gottes Hand: "Ach wie kann/ was Gottes Hand bauet/ hält und schützet/ fallen?" Bisher war nur Gottes Gnade als mit Berechtigung zu erwarten angenommen und auf ihr ein Gebäude errichtet. Hier klingt es, als ob das Gebäude von Gott selbst errichtet sei. Hypothetisch kann man den Gedanken von der Gnade Gottes als Grundfeste und Bedingung des Gebäudes dahin ausdehnen, dass somit Gott der Erbauer desselben sei, und nur so ist es mit der Geschlossenheit der Aussage in einem Sonett zu vereinbaren, dass der Satz "Was Gottes Hand bauet" diesem folgt: "Da ich/ dir die Ehre gebend/ mir auch Hoffnung geben muss". Dieser Gedanke, dass Gott in übertragenem Sinn Erbauer des vom Ich Erwünschten sei, drängt sich freilich nicht in den Vordergrund, denn das Verb "bauet" steht in einer Reihe mit "hält und schützet", und der Eindruck ist der einer direkten und aktiven Anteilnahme Gottes. Die Aussage ist überdies in eine mit Ausruf eingeleitete rhetorische Frage eingebettet, die im Ton tief empfundener Sicherheit das Gebäude als beständig bezeichnet wegen der Aktionen Gottes;[177] und es erhebt sich die Vermutung, dass hier recht gewollt ein bestimmter Eindruck erweckt wird. Das Gewollte, das etwas zu anhaltende Protestieren, weist -wie schon an anderen Sonetten gezeigt- auf die wunde Stelle. Anscheinend kann das "Gebäu" in den Befürchtungen des Ich sehr wohl fallen; und alle Ketten von Begründungen und Erklärungen und Beweisführungen betonen nur deutlicher, dass hier etwas fraglich ist, das das Ich nicht in Frage gestellt sehen will, das es aber zu elaborierten Massnahmen der Versicherung und Begründung nötigt.

---

[177] "(Mit) solchen ganz ich-bezogenen rhetorischen Fragen... bekundet das Ich gesteigert seine eigene Überzeugung und Sicherheit,". Frank, Diss., S.188 und S.199.

Der folgende Vers enthält das Schlüsselwort zu dem bisher nur Vermuteten, dass nämlich das sich Hoffnung gebende Ich sich in einer negativen Lage befinden muss, aus der es sich befreien will, und dass die Protestationen einen nicht deutlich ausgesprochenen Widerspruch zu dem als so sicher gegründet Hingestellten behandeln: "einigs Erden widerspiel". Wieder versichert im Ton der Überzeugung eine rhetorische Frage, dass diese Widerstände nicht Gottes "Allhülf" beeinflussen können, wobei "Allhülf" der Assoziation nach auf die ersten drei Verse des Sonetts zurückgreift, mit denen vorher die unendliche und uneingeschränkte Gnade Gottes begründet wurde. Hier, dem Fortgang des Gedankens entsprechend, erscheint das tätigere Wort "Hülf"; denn ein "Widerspiel" ist eine aktive Gegenkraft, der mit Aktionen begegnet werden muss. Es ist nötig, hier zu betonen, dass bisher das Ich mit keinem Wort frei heraus erklärt hat, dass es ein Handeln und Eingreifen Gottes in seine Angelegenheiten erfahren hat. Mit Offenheit und Klugheit ist ein eigenes Gebäude von Annahmen und Schlüssen aufgebaut worden. Eine Argumentationskette dieser Kompliziertheit und Logik lässt sich wohl kaum unbewussten Prozessen zuschreiben; und dazu erlaubt auch der stets auffallende zerebrale Charakter dieser Dichtung (welcher auch typisch für die Zeit ist) den Schluss, dass mit allen Mitteln der Ratio der Beweis geführt wird, dass Gott hilft, dass das sicher sei und als selbstverständlich angenommen werden könne. Als letzten Beweis hat das Ich dabei seine Selbsthilfe durch Gott -über den Weg des Gotteslobes- angegeben. In diesem Licht sieht die "Allhülf" nicht als direkt wirkend aus, und nur der Wunsch, dass es so sein möge, und eine Dehnung des Begriffs "Hilfe" auf indirekte Wirkungen rechtfertigen den Ausdruck.

Der Rest des Sonett beweist, dass wirklich "einigs Erden Widerspiel" Auslöser und Grund der Aussage ist. Noch zweimal findet sich die Gegenkraft bezeichnet, das erste Mal in Vers 11, der nochmals betont, dass dies eine irdische Widrigkeit ist: "Aller weltlich Widerstand", das zweite Mal im letzten Vers des Sonetts; und da ist der zuerst so zurückhaltend mit "einigs...Widerspiel" bezeichnete Umfang angeschwollen zu "viel tausend widerstand". Am Ziel der Aussage, bei Fertigstellung des Gebäudes, ist es nicht mehr nötig, die Schwierigkeiten zu minimalisieren -im Gegenteil: je sicherer der Sieg erwartet wird, oder als schon erlangt angenommen ist, als umso mächtiger kann der Feind anerkannt werden, denn dies erhöht ja den Umfang der Leistung.

Das errichtete Gebäude, auf dessen Gründung, -Grundfeste, Errichtung und Festigkeit- die Mehrzahl der Bilder in Versen 4-10 hin ausgewählt waren, ist in Vers 12 zu einem Fort geworden, das seinen Erbauer vor dem feindlichen Ansturm schützt. Aber von Ansturm ist nicht die Rede: "Widerstand" leistet die Welt, und dieser Widerstand "muss...zurücke prallen". Dies Bild ist nicht stimmig; entweder ein Angreifer muss abprallen, oder ein Widerstand muss weichen. Von Angriff ist nirgendwo zu lesen, von Widerstand oder dem aktiveren "Widerspiel" dreimal. Gegen Widerstand ein Fort zu bauen, ist nicht ganz sinnvoll, -eine Armee müsste mobilisiert werden, aber das ist nicht geschehen. Denn alle Aktionen, die mit Gottes Hilfe möglich waren, waren nur "bauen, halten, schützen" um gegen "wanken" und "fallen" zu sichern. All diese Wirkungen könnten Gott nur indirekt zugesprochen werden; kein Argument, das Handlung, Eingreifen über "Erhalten" hinaus bewiese, ist auch nur versucht worden.

Was das Ich verbirgt, was aber impliziert in der Aussage als wirklich existierend enthalten ist, sind Aktionen gegen den Widerstand; ohne Handlung kein Widerstand; etwas muss dem "Widerspiel" vorausgehen, ehe man überhaupt von dessen Existenz erfahren kann. Es kann kein Zweifel bestehen, dass in den Augen des Ich "Widerstand" da ist, aber es wird nirgendwo der eine Ausgangspunkt, der zu dieser Erfahrung führt, genannt. Das Sonett ist der Reaktion darauf gewidmet, die oft nicht anders als mit Standhaftigkeit und Festigkeit und Bauen zum Schutz bezeichnet wird, wirklich aber ein neuerlicher Angriff ist,

dessen Erfolg so sehr erwünscht wird, dass das Weichen des Widerstandes einem Zurückprallen gleichkommt. Dies unstimmige Verb drückt
mit Vehemenz den eigenen Erfolg aus und -was durch den Aussdruck "mit
Schand" noch unterstrichen wird- verbirgt gleichzeitig, dass der
Angriff wirklich von der Seite des Ich ausgegangen sein muss. Der
Zurückprallende muss der Handelnde sein -dieser Eindruck wird erweckt,
denn dies ist logisch.

Aber Vers 13 verändert diesen Gedankengang; die Implikation des
Angegriffenwerdens liess sich nicht länger halten als in einem
eingeschobenen Verb. Jetzt dringt an die Oberfläche der Aussage, dass
das Ich oder seine Seite (es hat Gott in Vers 8, 9, und 10 dort
hingestellt) auf den Widerstand einwirkt, so dass er nicht mehr
schadet. Er wird dienstbar gemacht; er soll "Kunst=verkehrt selbst
dienen/ zu dem Gott=erwehlten Ziel". Dies klingt wie eine Paraphrase
des Sonettitels "Über des Creutzes Nutzbarkeit". Widerstände werden
nicht nur ertragen, sondern erfolgreich gemeistert, so dass sie gerade
dazu verhelfen, was ihrethalben zunächst unerreichbar war. Das
Erstrebte -in dem Vorangegangenen nicht näher bestimmt als etwas Hohes
("Spitzen") und Ersehntes ("Hoffnung"), und als über Gotteslob
erreichbar- wird in diesem Vers als "Gott-erwaehlt" gekennzeichnet,
was an Verse 8 und 9 erinnert: "dein Ehr' erhält..." und "was Gottes
Hand bauet...". Schon der folgende Vers zerstört aber wieder den damit
erweckten Eindruck, Gott habe selbst gewählt; es ist doch wieder das
Anliegen des Ich: "mein Herz! deine Sache trefflich steht."

Dieser letzte Zuspruch, den das Ich sich selber gibt, lässt alle
Indirektheit fahren; es erhellt sich, dass das Vorangesagte zu diesem
Zweck geschrieben wurde, dass die Hoffnung sich in Gewissheit kehren
möchte, und dass jetzt das Ich ohne solche Beweisführung existieren
kann. Diese war so verlaufen: von vorsichtigen rhetorischen Fragen zum
Thema der Allmacht und Unendlichkeit Gottes über das Bekenntnis der
eigenen Grenzen und die Versicherung vom Kausalzusammenhang zwischen

114

Gottes Allmacht und seiner Hilfe zu schliesslich ganz sicher formulierten und mit Ausruf betonten rhetorischen Fragen zum Thema Stärke der Hilfe --bis zum Schluss, wo der Widerstand nicht nur abprallen, sondern sogar "dienen" muss.

Das Ziel wird als so gewiss gesehen, dass die Aufmunterung in ein Wortspiel gefasst werden kann, das hier nicht durch eine komplexe Aussage gerechtfertigt wird, sondern sich aus der erreichten Heiterkeit und dem Über-den-Dingen-Stehen des Sprechers erklärt: "Fass dir tausend Herz/ mein Herz!" Woher kommt diese Sicherheit? Sie kann nicht von aussen herrühren, denn von da ist nicht auf das Ich eingewirkt worden. Sie muss von innen kommen aus dem Ich selbst. Der Beweis, dass "deine Sache trefflich steht", kann nur im Gesprochenen geführt worden sein. Die Selbstsicherheit, die Sicherheit, dass das Ziel erreicht wird (was nicht eine futurische Konstruktion ist, sondern durchaus das Präsens mit einschliesst und somit die Deutung ermöglicht, dass das Ziel vielleicht bereits erreicht ist) basiert auf den Leistungen des eigenen Verstandes und Sprechens, auf denen ein Gebäude errichtet wird, das nicht nur gegen Widrigkeiten schützt, sondern sie in den eigenen Dienst stellt, so dass Zuversicht begründet und besessen werden kann.

Es ist anzunehmen, dass das fertige Sonett dieses Gebäude beschreibt sowohl wie ausmacht. Der Ausdruck von Gotteslob war die Basis für Hoffnung, die ihrerseits zu einer "Spitzen" führte, gegen die es "weltlichen" Widerstand gab; -all das ist vorbei; die Hoffnung wurde zur Gewissheit, das dringliche Bemühen um Überzeugung zu dem spielerischen Verkünden derselben. Der Widerstand, der aller Aussage voranging, ist sowohl wie das Gotteslob in das Werk eingegangen, und auf diese Weise hat er "zu dem Gott-erwehlten Ziel" beigetragen.

Das Ergebnis der Analyse der drei Sonette erlaubt den Schluss, dass es sich hier um eine individuelle Lösung zum Problem Unglück und

115

Widrigkeiten handelt. H. Frank erklärt zwar das Folgende: In den
Sonetten Catharina von Greiffenbergs sei "die reine Aussprache -formal
gesehen- bescheiden" wegen der rhetorisch geformten, auf Wirkung
abgestellten Sprache. Er erklärt seine Beobachtung so: "Es geht nicht
um einen persönlichen, intimen Seelenausdruck, sondern um eine
überpersönliche, öffentliche Verlautbarung. Die Sprachgestaltung
drängt zum Allgemeinen, denn sie steht im Dienst der Propaganda fidei,
also im Bereich der Öffentlichkeit. Dort aber ist der intime
Seelenausdruck fehl am Platz, denn es gilt das Allgemeine mehr als das
Besondere und das überpersönliche mehr als das nur Persönliche."[178]
Frank stützt sich bei diesen Worten ausschliesslich auf die (an sich
richtige) Beobachtung: "Das lyrische Ich bedarf eines Gegenübers,
eines Publikums..."[179] Dass dabei der Aussagegehalt nicht identisch
mit der Aussageform sein muss, sondern dass Privates sehr wohl in
öffentlich Ausgesprochenem und an eine Öffentlichkeit Gerichtetem
enthalten sein kann, haben die Analysen der Sonette dieses Kapitels zu
beweisen gesucht. Denn obgleich auch allgemeines Gottvertrauen und
tätige Haltung im Leiden jedem Leser empfohlen werden, liegt doch der
Kern der Aussage da, wo das Unglück in einem Kunstwerk verarbeitet und
aufgehoben wird. Unglück wird hier zur Quelle des daraus Entstehenden,
es dient als Kontrastmotiv zu dem Erreichten, es ist Voraussetzung,
Inhalt und Erhöhung des Werks. Diese Lösung ist allein sinnvoll für
einen Menschen, dessen ganzes Sinnen und Hoffen, dessen Lebensinhalt
sein Werk ist. Solch ein Mensch kann Impuls, Material und Befriedi-
gung aus den Schwierigkeiten seines Lebens und deren Überwindung
ziehen, sie in seine Kunst absorbieren, dort aufheben in dreifachem
Sinn, und sie da fruchtbar und nutzbar machen.[180] Die eigentliche

---

[178] Diss., S.188.
[179] ibid.
[180] Villigers Behandlung von Not und der Leistung ihrer Überwindung
erfasst zwar ausgezeichnet die Natur der Bedrängnis ("Dass dem Menschen diese Herrschaft und diese Sicherheit nicht gewährt wird, das
eben ist seine Not" (op. cit., S.83), aber seine Darstellung der
Lösung dieser Schwierigkeit mündet ohne Belege aus dem Text in die

Natur der Schwierigkeiten wird in keinem Sonett in den Vordergrund gestellt.[181] Sonett 82 gibt keinerlei Aufschlüsse; Sonett 46 reduziert sie auf Selbstzweifel und das Toben von "Welt und Hölle", Sonett 47 auf Mangel an Hoffnung und auf "weltlich Widerstand". Die Antwort auf Selbstzweifel und Hoffnungslosigkeit bietet sich an, aber der Weg, auf dem diese erreicht werden, ist nicht so eindeutig und zwingend, da "Welt und Hölle" jenseits der Reichweite des Ich liegen, -oder so scheint es. Um mit diesen Mächten fertigzuwerden, wird Gott einbezogen. Dies Einbeziehen geschieht aber in diesen Sonetten nicht auf dem geraden Wege einer Bitte um Hilfe,[182] sondern auf dem sehr umständlichen und sorgfältig durchgeführten des Beweises seiner Hilfsfähigkeit und -willigkeit über die Evozierung seiner Allmacht und Güte. Die Bedürftigkeit stammt aus irdischem Widerstand, der in Gottes Allmacht aufgelöst wird; aber das Resultat liegt wieder im Diesseits: "Ich zweifle nun nicht mehr an mir," Sonett 46, und: "deine Sache trefflich stehet", Sonett 47.

Genauer betrachtet, lässt sich auch die Einbeziehung Gottes nicht eindeutig religiös verstehen; denn zu gezielt manipuliert jedes lyrische Ich die Aussagen über Gott, greift aus dem Vorrat christlicher

---

Theologie:

("Der Mensch) ist ein Held in einem neuen, eigentlich christlichen Sinne, nicht nur mehr im Ertragen und in tapferer Abwehr, sondern im waghalsigen Entschluss, sich den Mächten zu überlassen und ihnen zu unterliegen -auf die Hoffnung hin, sie immer zugleich zu bewältigen." (ibid., S.89) Gleichzeitig fehlen sowohl eine Erklärung, weshalb diese Haltung "eigentlich christlich" sei, als auch ein Hinweis, ob diese Haltung als beispielhaft zu verstehen sei. Diese letzte Auslassung liegt daran, dass Villiger stets von "dem Menschen" spricht, gleich ob er Biographisches, Theologisches oder Sonettinhalt bespricht, so dass es letztlich immer unklar bleibt, was genau gemeint ist.

[181] Frank erklärt dazu richtig: "Es ist (in jenem...grossen Motivkreis) stets die Rede vom "Unglück" schlechthin... Infolgedessen erhält die Klage über das eigene Unglück niemals eine individuelle Gestalt, die das Besondere des jeweiligen Leidens zum Ausdruck bringt." op. cit., S.157.

[182] Es gibt andere Sonette, in denen das geschieht, z.B. Sonett 52,

Konzepte das heraus, was benötigt wird, überzeugt sich von dem Erfolg seines Tuns auf dem Wege einer lückenlosen Argumentation, und demonstriert bei jedem Schritt, dass es wohl weiss, dass Gottes Hilfe wirklich Selbsthilfe voraussetzt oder beinhaltet ("da ich dir die Ehre gebend/ mir auch Hoffnung geben muss", Sonett 47, Vers 5), und dass Gottvertrauen als Selbstvertrauen bezeichnet werden kann. Es bietet sich einem religiösen Individuum an, seine Schwierigkeiten über die Religion durch Hingabe an Kräfte ausserhalb seiner selbst zu lösen. Das geschieht hier aber nicht; die Schwierigkeiten werden vielmehr auf dem Wege der Dichtkunst mit Hilfe religiöser vorgeprägter Gehalte gelöst, wobei diese Gehalte so formelhaft bleiben wie alle bisherigen Erwähnungen von Gotteslob und sie wie jene nur innerhalb der Ich-bezogenen Aussage fungieren.

Die Aussage jedes dieser Sonette ist die, dass Widrigkeiten fruchtbar gemacht werden können und gemacht werden. Im Zentrum stehen dabei weder das Leid, das als der Auslöser dieser Sonette dient und ihren realen Grund ausmacht, noch die "Frucht", in die das Leid mündet, sondern der schöpferische Vorgang, der beide Pole zusammennimmt und eine dichterische Realität zwischen ihnen schafft, die Freude und Stolz begründet. Die Konstruktion dieses "Gebäudes", die sich durch besondere Sorgfalt der Beweisführung sowohl wie kunstvolle Argumentation auszeichnet, begründet die Hoffnung und Selbstsicherheit des Ich sowie seinen Anspruch auf "Hoheit" und "Prangen".

Villiger bemerkt am Ende seiner Behandlung des Unglücksmotivs (das er in anderem Zusammenhang bespricht, als es in dieser Arbeit geschieht) richtig, es ergebe sich ein "Gefühl der Beunruhigung, das uns der merkwürdig friedlose Gedanke der Sonettdichterin und der Betrachterin erregt...wenn er (das Ziel) überhaupt je erreicht, springt er auch im selben Augenblick wieder davon ab. Er berührt es

---

Sonett 58, Sonett 63.

kaum. Unablässig und immer von neuem versucht er den Weg dahin...Und das eben läuft dem Bild zuwider, unter dem wir uns den Mystiker (den deutsch mittelalterlichen und spanischen vor anderen) vorzustellen pflegen. Der geht seinen bestimmt vorgezeichneten Weg. Wenn er ihn erfahren hat, verharrt er im erreichten Raum der mystischen Einigung. Die Unruhe des Suchens und des Neuanlaufens ist hier, auf dem Gipfel des mystischen Bergs, von ihm gewichen."[183] Er erklärt den immer neuen Anlauf zum Ziel so, dass Unmögliches versucht wird, das sich nicht erreichen lässt.

An die obige Analyse der Unglücks-Sonette lässt sich aber eine ganz andere Erklärung anschliessen: Der stete Neuansatz beweist wirklich, dass die Lösung der Schwierigkeit nicht über das Gesprochene hinausdauert und dass das Ende der Lösung identisch mit dem Ende des Sprechens ist. In immer neuem Sprechen muss sie immer neu erstrebt werden, und die Erleichterung liegt nur in dessen Prozess begründet, nicht in einem ein für alle Mal Erreichten. Dies immer neue Aussprechen ähnlicher -manchmal identischer- Gedankengänge ist eine Art Ritual, dessen Sinn in der Zeremonie liegt und dessen Gültigkeit mit dem Ende aufhört, wenn auch die Wirkung noch weiter gespürt werden mag. Es ist eine Form von Selbsthilfe oder Selbsterlösung, die nur einem Künstler möglich ist, obwohl sie auf ästhetischem und menschlichem Niveau nachempfunden werden kann. Sie kann aber nicht mit- oder nachvollzogen werden, denn ihre Formen und Formeln sind individuell.

In den Aussagen dieser Sonette geht es neben vorgeprägtem religiösem Ausdruck um diesseitige Werte, zu deren Erlangung Gott einbezogen wird und zu deren Rechfertigung er als Urheber alles Geschehenden dargestellt wird. Im Brennpunkt steht die Kunst; sie wird möglich über die Religion.

---

[183] op. cit., S.90.

Die in diesem Kapitel bisher behandelten Sonette stellen also alle das Leid in eine notwendige, zwingende Verbindung mit einem Positiven, das nur durch das Negative möglich oder besonders bemerkenswert wird, oder das erst in einem Läuterungsvorgang seine reine Substanz gewinnt. Manche Sonette mischen diese Aspekte; alle geben "Creutz" einen Sinn, der über den Lohn für sein Ertragen weit hinausreicht, durch eine greifbare Auswertung des Widrigen. Diese Auswertung oder Nutzbarmachung beruht auf der klugen und -wie es durchscheint-freiwilligen Leistung des Ich, das sein zentrales Ziel, die Ausübung seiner Kunst, sein Dichten, auf dem Wege erreicht, dass es sein Erlebnisfeld zum Impuls und Inhalt seiner Kunst macht und gerade die Schwierigkeiten zur weiteren Unterstreichung und Erhöhung der Leistung auswertet.

In Folgenden sei diese Verbindung kurz in weiteren Sonetten nachgewiesen. Sonett 61 folgt dem Muster von Sonetten 46 und 47, indem zunächst das Oktett Gottes wunderbare Eigenschaften und vor allem seine Allmacht ausdrückt und dann das Sextett diese auf die besondere "Trübsals"-Lage des Sprechers (der sich hier völlig zurückhält) bezieht. Dass das Unglück der Nährboden des Erwünschten ist, findet sich hier deutlicher als sonst irgendwo formuliert, und das Begehren des Menschen wird als gleichbedeutend danebengestellt: "die Göttlich Herrlichkeit/ in Werken sich entdecket/ gezeugt aus trübsals kält' und Menschen=Liebehitz". Ein Glaubensakt, der nicht in der Stille wirkt, sondern kraftvoll und weithin hörbar ist ("Glaubens-Donner"), steht hier offen in Verbindung mit den "Werken": "Der Glaubens=Donner bricht die Wolken/ dass...die Göttlich Herlichkeit in werken sich entdecket"; er ermöglicht die Werke, die Gottes "Herrlichkeit" zum Inhalt haben. Hier wird einmal ganz deutlich, was sich aus den ausführlich analysierten Sonetten nur ableiten liess: Die Erklärungen der 8 Eingangsverse, die sich mit Gott befassen, beinhalten den Glaubensakt, ohne dessen Ausdruck das Werk nicht realisiert werden kann, das aus der Not und dem Willen des Menschen zu ihm seinen Ursprung nimmt und

✳(60)✳

Auf eben das selbige.

GLäub/ wann du schon nit sihst/ den der kan
müglich machen
die selbst' unmüglichkeit / bey welchem Sonnen-
liecht
dein dunkles schicksel ist. Die ausgangs-schnur Er
flicht
in dem zerrütten Strenn so seltner sinnen-sachen.
Er giebet nach / und dreht den Faden bey den
schwachen/
wie sehr verhenkt und lenkt er ist / ihn doch nicht
bricht/
am Glückes-Haspel / mit der zeit / ihn recht aus-
richt.
Sein fleiß und weißheit pflegt (schläfft lust und
Glück) zu wachen.
Denk nicht/ daß ihm/ wie dir/ das mittel sey ver-
deckt.
Sein Allsicht-Aug durchtringt die undurchdring-
lichkeiten
der heimlichkeit geheim/ im wunder-Berg versteckt.
Sein' Allmachts hitz / den Stahl zu lob-Gold
kan bereiten.
Sein' Ehr' hat ihr in ihr ein Ehren-ärz erweckt/
das wird mit seinem Bild sich in die Welt aus-
breiten.

Uber

✳(61)✳

Uber Gottes regirende Wun-
derweise.

DU wunder würker/ soll dir was unmüglich
fallen?
bey dir auch keines wegs die wunder wunder seyn!
voll unerhörter ding'/ ist deiner Allmacht schrein/
die sich erweist und preist unendlich hoch in Allen.
Da/ wo die Sonne sitzt/ entdecken sich die strahlen:
wo GOtt ist/ siehet man der wunder reinen schein/
die ihm/ wie uns das gehn/ sind eigen und gemein.
in ihm sie/ voll begierd uns zugefallen/ wallen.
Der Glaubens-Donner bricht die Wolken/ daß
der blitz
die Göttlich Herrlichkeit / in werken sich entdecket/
gezeugt aus trübsals kält' und Menschen-Liebe-
hitz.
Gott/ zu erquicken/ offt uns eine Angst erwecket.
In Unglücks Abgrund hat sein Höh-Art ihren
sitz:
das süß auf bitterkeit / und Freud' auf leid/ wol
schmecket.

�֍✳✳✳✳✳
✳✳✳✳
✳✳
✳

In

Über Gottes regierende Wunderweise.

DU wunder würker/ soll dir was unmüglich fallen?
bey dir auch keines wegs die wunder wunder seyn!
voll unerhörter ding'/ ist deiner Allmacht schrein/
die sich erweist und preist unendlich hoch in Allen.

Da/ wo die Sonne sitzt/ entdecken sich die strahlen;
wo GOtt ist/ siehet man der wunder reinen schein/
die ihm/ wie uns das gehn/ sind eigen und gemein.
in ihm sie/ voll begierd uns zugefallen/ wallen.

Der Glaubens=Donner bricht die Wolken/ dass der blitz
die Göttlich Herrlichkeit/ in werken sich entdecket/
gezeugt aus trübsals kält' und Menschen=Liebe=hitz.

Gott/ zu erquicken/ offt uns eine Angst erwecket.
In Unglücks Abgrund hat sein Hoh=Art ihren sitz:
dass süss auf bitterkeit/ und Freud' auf Leid/ wol schmecket.

das in dem "Entdecken" -d.h. Aufdecken oder Darstellen der Herrlichkeit Gottes- dem Menschen Erquickung und Süsse gibt. Dass "der Mensch", "wir", ein Individuum, und somit ein lyrisches Ich sein muss, beweisen Verse 9-11, die einen ungewöhnlichen Glaubensakt besprechen, den eines Künstlers, der im Ausdruck seines Glaubens die Schwierigkeiten überkommt ("bricht die Wolken"), und sein eigenes Ziel erreicht ("Liebehitz").

Die erotische Formulierung "gezeugt" drückt (wie schon im vorigen Kapitel ausführlich zur Sprache kam) die intensive Sehnsucht des Ich nach einer Verbindung mit Höherem aus, die dann ein "Werk" ermöglicht. Das Werk entsteht nicht aus dem Eingreifen Gottes, sondern durch eine grosse Leistung des Menschen ("der Glaubens=Donner"), der sich durch die Einbeziehung Gottes selbst hilft.

Das Schlussterzett nennt Gott als den Urheber der Angst. Das ist ein neuer Gedanke. Er lässt sich mit den Bemühungen in den obigen Sonetten vergleichen, die dringlich das Unglück zu minimalisieren suchten: Ist die Angst von Gott selbst erweckt, lässt es sich leicht erwarten, dass er dieselbe auch beseitigen kann. In denselben Gedanken ist auch antithetisch das Kontrastmotiv eingeschlossen: "GOtt/ zu erquicken/ offt uns eine Angst erwecket...das süss auf bitterkeit/ und Freud' auf Leid wol schmecket."

Sonett 84, das wieder kein sich offen äusserndes Ich enthält, besteht aus einer Serie von Exempeln und Sentenzen, die einprägsam die bisherigen Aussagen kondensieren und allgemein darbieten. Der Titel "Auf eben selbe!" weist zurück auf den Titel von Sonett 83 "Auf die verfolgte doch ununterdrückliche Tugend." "Preis aus schweiss und fleiss aufgeht" und "keine frucht/ ohn Zucht" und "Creutz ist des Glückes Thor" sind einprägsame Lehren, die die Notwendigkeit des Unglücks ausser Frage zu stellen suchen, und ein Trost sowie Ansporn

122

Auf eben selbe!

Bey sanfft gelindem wind / ist leicht / den
Port erlangen:
doch / wann Charybdis bellt / und Scylla uns ver-
dreht /
wann dort ein Wellen-Berg / hier ein Meer Abgrund / steht /
und man kommt doch zu Land / dann kan man recht
Siegprangen.

Nach langer Seefart / hat das goldne fell entfangen
der dapfer Jason. Preiß aus schweiß und fleiß
aufgeht.
Dann / keine frucht / ohn Zucht / die Tugend nie entfäht.
Dann heißt es Sieg / wann man die Welt-gefahr
umgangen.

Man muß aus Ilium / wann soll die Tyber krö-
nen /
auf kohl-und flammen gehn. Creutz ist des Glückes
Thor.
Der Unglücks Schatten kan / ein Wunderbild verschönen.

Man schwingt / gebogen / sich viel herrlicher empor.
Die Kron / kommt aus dem Feur / dann auf des Königs Haar.
So wird ein Ehren-Stern aus Unglück und gefahr.

Gänz-

Gänzliche Ergebung in Got-
tes willen.

Mit voller übergab / mit ganzer Herz-ein-
wehnung /
mit Erzgelassenheit es dir geopfert sey!
bin / so unendlich ich verstricket war / jetzt frey /
ohn' alle heuchel list und falsche Farb-Entlehnung.
Will willig / vor die Ehr' / erbulten die Verhö-
nung.
Ohn deinen willen / ist auch meiner nicht dabey.
Wär Leid-und Freuden Art / auch noch so mancher-
ley:
so lass-und buls' ich alls / um jene Gnaden-Krönung.
Mein Geist schwämmt nie so hoch in deiner
Wunder lufft.
Er muß sich nider bald zu deinen Füssen lassen.
Mein will zielt / wie er woll / so bleibstu doch sein
Punct:
geht / zu gehorchen dir / von Stern in Erden
klufft.
Es heischt gleich grosses Herz zum lassen / und zum
fassen.
Es lesch sich dir zu lieb / was dir zu Ehren funkt.

Auf

Auf eben selbe!

Bey sanfft gelindem wind/ ist leicht/ den Port erlangen;
doch/ wann Charybdis bellt/ und Scylla uns verdreht/
wann dort ein Wellen=Berg/ hier ein Meer Abgrund/ steht/
und man kommt doch zu Land/ dann kan man recht Siegprangen.

Nach langer Seefart/ hat das goldne fell entfangen
der dapfer Jason. Preiss aus schweiss und fleiss aufgeht.
Dann/ keine frucht/ ohn Zucht/ die Tugend nie entfäht.
Dann heist es Sieg/ wann man die Welt=gefahr umgangen.

Man muss aus Ilium/ wann soll die Tyber krönen/
auf kohl=und flammen gehn. Creutz ist des Glückes Thor.
Der Unglücks Schatten kan/ ein Wunderbild verschönen.

Man schwingt/ gebogen/ sich viel herrlicher empor.
Die Kron/ kommt aus dem Feur/ dann auf des Königs Haar.
So wird ein Ehren=Stern aus Unglück und gefahr.

zu "Preis" und "Frucht" sind. Es sind nicht notwendig lyrische Aussagen, obwohl sie durch ihre Häufung sowohl innerhalb dieses Sonetts als auch im Zusammenhang mit vielen anderen gleichartigen (Sonette 21, 22, 23, 42, 43, 92 u.a.) dokumentieren, wie die Dichterin von diesem Thema besessen scheint.

Was aber dies Sonett in die Gruppe der lyrischen einreiht, ist die Häufung der Sieg- und Preisbilder, die vor allem an das benachbarte Sonett 82 erinnern ("wer hoch will seyn/ muss mach der Hoheit ringen"). Es wird deutlich, dass das Unglück einem ganz bestimmten Zweck dient, obwohl dieser sich in allgemeinen positiven Ausdrücken versteckt: "...dann kan man recht Sieg= prangen"; "Der Unglücks=Schatten kann/ ein Wunderbild verschönen"; "Man schwingt/ gebogen/ sich viel herrlicher empor"; "So wird ein Ehren=Stern aus Unglück und gefahr". Es geht nicht nur darum, dass das Unglück irgendwie tätig ("Preis aus schweiss und fleiss aufgeht") nutzbar gemacht wird, sondern es soll zu "Prangen", zu "Herrlichem" und "Ehren=Stern" führen. Das ist keine zwingend allgemeine Aussage, und die Deutungsmöglichkeit, dass es zu diesen bestechenden Worten kommt, damit der Ansporn grösser sei, überzeugt nicht. Der Lohn ist so spezifisch auf Ehre zugeschnitten, dass der dahinter sich verbergende Sprecher Ehrgeiz als zentrale Motivation einbezieht. Diese Motivation lässt sich kaum allgemein "christlich" nennen; und ein Ausdruck wie "Wunderbild" kann schwer auf einen anderen Fall als den eines Künstlers bezogen werden; er weist zu spezifisch auf ein Geformtes, Ästhetisches. Dies Sonett betrachtet nur eine Auswirkung von Unglück, das "Wunderbild" und den "Ehren=Stern".

Noch deutlicher wird dieser Antrieb in Sonett 213. Der einmalige Kunstgriff hier, dass alle Aussagen einem Rollensprecher, der "Tugend", in den Mund gelegt werden, drückt manches an der Sprachoberfläche aus, was sich sonst indirekter darbietet. Dank dieser Technik ist es auch möglich, dass die Dichterin sich deutlich mit dem

Uber die unverletzliche Tugend.

DAs Vnglück endlich kan an Tugend mich
nicht irren.
Es muntert sie vielmehr / bläst ihre Funken auf/
und bringt des Muhtes Hängst in dapffern Hel-
den-Lauff.
wann es mir Tugend mehrt/so kan ich nichts ver-
liehren.
Wann auf das äusserst auch die Sachen sich
verwirren/
Saturnus / Mars / Mercur / selbst fallen über
Hauff.
So spring' ich unverzagt mit freyen Füssen drauf.
Ihr Widerstand muß mir mein Siegs-Pracht
erst recht zieren.
Bleibt GOtt allein mein Trost: so sey der Erden Trutz/
und allem Vnglück/mich wenigst zu verletzen!
weil sie die Fersen sticht / beginnt mich zu ergötzen
die Himmlisch Nectar Brust : und schweb in
seinem Schutz.
muß ich schon alle Lust und Erden-Glück aufgeben.
so bleibt mir Tugend doch noch länger als mein
Leben.

⸎(o)⸎

Sie

Die Dienst-anbietende Tu- gend.

ICh will wol/wann du es verlangest / zu dir
kommen:
doch zieht ein ganzes Heer der Trübsal mit mir ein.
Ich und das Vnglück/schier unzertrennlich seyn.
Es hat ihm grosse Streich' auf mich schon vorgenommen.
Feurstrahlen / Wetterkeil' / es regnet auf die
Frommen.
Es hageln auf mich zu/die Hass-und Donnerstein.
man siht/vor Neidgewülk / kaum meinen Ehren-
Schein.
Ich bin offt manche Stund im Thränen-See geschwommen.
Traust du die Stürme dir herzstandhafft auszustehn:
so soll mein' Herrlichkeit mit Pracht bey dir eingehn.
Ja ich versprich dir auch / dich nimmermehr zu
lassen.
Drum/liebe Freundin/wollst ein Helden-Herz
nur fassen.
Ich krieg und sieg'/und gib / vor treue Dienst zu
lohn/
hier Ruhms - Vnsterblichkeit / dort eine schöne
Kron,

Beant-

Die Dienst=anbietende Tugend.

ICh will wol/ wann du es verlangest/ zu dir kommen;
doch zieht ein ganzes Heer der Trübsal mit mir ein.
Ich und das Ungelück/ schier unzertrennlich seyn.
Es hat ihm grosse Streich' auf mich schon vorgenommen.

Feurstrahlen/ Werkerkeil'/ es regnet auf die Frommen.
Es hageln auf mich zu/ die Hass= und Donnerstein.
man siht/ vor Neidgewülk/ kaum meinen Ehren=Schein.
Ich bin offt manche Stund im Thränen=See geschwommen.

Traust du die Stürme dir herzstandhafft auszustehn:
so soll mein' Herrlichkeit mit Pracht bey dir eingehn.
Ja ich versprich dir auch/ dich nimmermehr zu lassen.

Drum/ liebe Freundin/ wollst ein Helden=Herz nur fassen.
Ich krieg und sieg'/ und gib/ vor treue Dienst zu lohn/
hier Ruhms=Unsterblichkeit/ dort eine schöne Kron.

lyrischen Ich identifiziert ("liebe Freundin"); denn dieses wird ja nur angesprochen, es macht selbst keine Aussagen und steht deshalb formal jenseits von Angriffen. "Das Unglück" steht hier ganz im Zentrum; aber die 'Person' Tugend bietet sicheren Trost und verspricht guten Ausgang: "Ich krieg und sieg/ und gib/ vor treue Dienst zu lohn/ hier Ruhms-Unsterblichkeit/ dort eine schöne Kron." Die Tugend bietet sich hier der "lieben Freundin" an, nicht, weil ihr Besitz Lohn genug sein könnte, sondern weil sie zu einem Zweck dienen kann. Die versprochene Wirkung ist "Herrlichkeit mit Pracht" (Vers 10) und "Ruhms-Unsterblichkeit" im Diesseits sowie eine "schöne Kron" im Jenseits, -die aber nur in den letzten zwei Worten des Sonetts zur Sprache gebracht wird.

Wieder wird etwas nutz- und dienstbar gemacht. Aber hier ist die Ich-Orientierung deutlicher; Unglück konstruktiv in seine Dienste zu stellen, ist klug und nachvollziehbar -obwohl der erstrebte Dienst und Nutzen über die Ziele des Ich Bezeichnendes aussagen kann, das nicht nachvollziehbar sein mag.

Sonett 215 bestärkt die schon in Sonett 47 geweckte Vermutung, dass es nicht sicher ist, ob die "Streitigkeiten" des Ich mit seiner Lage nur von aussen begonnen sind oder ob das Ich sie vielleicht absichtlich auf sich gezogen hat. Zwar heisst es, dass das Ich "Igel Stacheln" als Waffen zum Schutz vor dem "Angriff" braucht. Aber gleich darauf sind dieselben Igelstacheln ein Bild für die Mittel des Angriffs: "Es (das Glück, d.h. das Unglück) steckt wohl/ als wie der Igel/ voller Stacheln/ voller Tück." Diese Gemeinsamkeit zwischen angeblichem Angreifer und Verteidigendem und das "Schlagen" auf beiden Seiten erlauben es nicht, das Ich nur als Opfer der Widerwärtigkeiten zu sehen. Die Aktion findet danach völlig auf der Seite des Ich statt, das seinen Triumpf bereits geniesst: "Doch muss...es mir danzen ihm zum Trutze" und "Es wird noch...müssen zieren meinen Sieges-Pracht."

126

Beantwortung der Tugend auf ihre Bedingung.

KOm nur her / du schöne Tugend/ sey zu tau-
sendmal gegrüßt/
kom/ mein Schatz / komm in mein Herz : es gehö-
ret ganz dein eigen
wollst dein Hoheits-Wunder Pracht in der Seelen Thron erzeigen.
hab ich dich / O schönste Göttin : mir an keinen
Gut gebrist.
Ist das Unglück mit viel Plagen / lieb / schon
wider dich gerüst:
laß nur seyn! der Höchste kan sie wol andertwerts
hinneigen/
Man muß durch die Dörner Weg in die Sternen
Kreiß auffsteigen.
Nun es regne blitz' und donner! Tugend hab ich
mir erkiest.
Das ist eine schlechte Lieb/ die was Widerwär-
tigs schrecke.
Paris war nicht so gesinnt: Trojer er beherzt ver-
acht.
Ja vielmehr der Widerstand/ doppel-heiße Brunst
erwecket.
Unglück kan dir nichtes schaden/als daß es dich
wehrter macht/
und mir dort mein' Ehren Kron / mit so viel mehr
Sternen zieret/
als vielmahl ich über sie / hier mit Grosmuht tri-
umphiret.   Ober

Über meine vielfältige Widerwärtigkeiten.

SOviel/ als der Igel Stachel/ darff ich
Waffen widers Glück:
daß ich aller Ort und End mich vor seinem Anlauf
schutze/
und die kühn Verletzungs-Hand/vor dem Tugend
Angriff stutze.
Ich hab mich mit ihm zu schlagen/alle Stund und
Augenblick.
Es steckt wohl / als wie der Igel/voller Sta-
chel/voller Tück.
Doch muß nach dem Tugend-Klang es mir danzen
ihm zu Trutze/
wann ich ihm den Unbestand/und das schnell vergehn aufmutze.
Ich/indem es mich will plagen/ es mit seiner Lust
erstick.
Es ist um ein kleins zuthun / daß ich mich mit
ihm bemühe.
Es wird noch/in Fässeln / müssen zieren meinen
Sieges-Pracht.
Ob ich schon der Tugend wegen / jetzund werd ver-
haßt verlacht:
Acht ich es doch alles nicht / wann ich nur mein
Werk vollziehe;
liebt es GOtt/wird meine Pein tausendfach ergetzet werden/
dort in seinem Jubelthron / oder theils wol noch
auf Erden.   Die

Über meine vielfältige Widerwärtigkeiten.

SOviel/ als der Igel Stachel/ darff ich Waffen widers Glück:
dass ich aller Ort und End mich vor seinem Anlauf schutze/
und die kühn Verletzungs=Hand/ vor dem Tugend Angriff stutze.
Ich hab mich mit ihm zu schlagen/ alle Stund und Augenblick.

Es steckt wohl/ als wie der Igel/ voller Stachel/ voller Tück.
Doch muss nach dem Tugend=Klang es mir danzen ihm zu Trutze/
wann ich ihm den Unbestand/ und das schnell vergehn aufmutze.
Ich/ indem es mich will plagen/ es mit seiner Lust erstick.

Es ist um ein kleins zuthun/ dass ich mich mit ihm bemühe.
Es wird noch/ in Fässeln/ müssen zieren meinen Sieges=Pracht.
Ob ich schon der Tugend wegen/ jetzund werd verhasst verlacht:

Acht ich es doch alles nicht/ wann ich nur mein Werk vollziehe;
liebt es GOtt/ wird meine Pein tausendfach ergetzet werden/
dort in seinem Jubelthron/ oder theils wol noch auf Erden.

Dass das "Werk" für alles Unangenehme entschädigt und dass dessen Vollzug das heilende Kriterium ist, steht ganz offen da: "Acht ich es doch alles nicht/ wann ich nur mein Werk vollziehe" (das ist etwas anderes als "fertigstelle", "beende"). Gerade ist das Unglück zuversichtlich als besiegt dargestellt worden, nachdem ein Kampf mit ihm vielleicht freiwillig gesucht wurde; und hier ist Werkvollziehung der Trost. Im Vollziehen des Werkes, d.h. im Sprechen und Aussprechen, wird das Unglück besiegt und Zuversicht erlangt.

Der Lohn für die ertragenen und überkommenen Schwierigkeiten liegt zwar in Gottes Hand -er wird hier primär wegen einer iustificatio eingeführt-, aber das heisst nicht, dass das Ich sich mit Entgeltung im Jenseits begnügt; es hat (wie in Sonett 213) auch irdische Interessen: "oder theils wol noch auf Erden".

Krieg ist das dominierende Bild von Sonett 211. Zwar klingt es, als ob zunächst das "Glück", d.h. das Geschick, sich in der Verteidigung befindet ("Willstu mir...aufs neue widersetzen"), wonach das Ich der Angreifer wäre; aber kurz danach ist es das "drückende", das dazu "Fleiss" einsetzt. Das Angriffsbild wird dann ausgebaut: "deiner qualen Heer", "wann du mich schon umgiebst mit engem Ängsten=Kreiss" (=umzingelst). Doch nun stellt es sich heraus, dass alles nicht so gefährlich war; es ging nicht um Leben oder Tod, sondern um einen "Preis"(Vers 7), d.h. es handelte sich nur um einen Wettstreit, ein Kräftemessen, es war ein "Tugend=Rennen". Die Bitterkeit des Kampfes musste so geschildert werden, damit der Sieg des Ich als besonders bewunderungswürdig hervortreten könne: "tapfer", "schwer=erlangter Sieg", "Helden=Herz", "mit Ehr". So bekommt auch der "Preis" von Vers 7 eine neue Bedeutung.

Dass das Ich sich nicht wirklich verteidigt, nicht wirklich auf Aktionen jenseits seiner Gewalt reagiert, spricht Sonett 220 aus.

Als mir einmal/ am H. Drey König Abend/ beym Eyrgiessen/ der HErr Christus am Creutz klar und natürlich erschienen/ oder aufgefahren.

ES kan der gecreutzigt Christ anders nichts
als guts bedeuten.
Kündet Er das Sterben an/
wohl gethan!
So wird er mich selbst beleiten.
Soll ich mich denn zu dem Creutz und zu vieler
Plag bereiten?
So ist Er doch mein Gespan/
bricht die Bahn/
steht mir mächtig an die Seiten.
Soll das heimlich Gnaden-Wort seinen Raht im
Werk vollenden?
Ach wie hoch beglückt wär Ich!
die Ich mich
Niemal ließ davon abwenden.
Ihr mögt fürchten/ was ihr wollet: Ich bin immer
gutes Muhts.
Kan das Höchste Gut auch bringen anders was/
als lauter Guts?

Auf das neue widerwärtige Glück.

WIlstu mir/ O Glück/ aufs neue widersetzen?
der Anfang ist schon recht/ auf alte Feindsal-Weiß.
denkst zu besiegen mich? es ist umsonst dein Fleiß.
die Tugend läst sich/ auch gedrucket/ nicht verletzen!
Wann deiner qualen Heer die Degen auf sie wetzen/
wann du mich schon umgiebst mit engem Aengsten-Kreiß:
will Tugend-tapffer ich erhalten doch den Preiß.
Ein schwer-erlangter Sieg kan doppelt-hoch ergetzen.
Vergieß' ich weises Blut; die Thränen trennen nicht
vom Tugend-Rennen ab/ sie seynd vielmehr die Sporen/
dadurch ein traurigs Aug das Helden-Herz ansticht.
Sie werden zu Entsatz der Herzen-Bürd/ gebohren/
das so entlastet dann viel mehr mit Ehr verricht.
Bekriegst mich auf das neu/ so hast aufs neu verlohren.

Auf das neue widerwärtige Glück.

WIllstu mir/ O Glück/ auffs neue widersetzen?
der Anfang ist schon recht/ auf alte Feindsal=Weiss.
denkst zu besiegen mich? es ist umsonst dein Fleiss.
die Tugend lässt sich/ auch gedrucket/ nicht verletzen!

Wann deiner qualen Heer die Degen auf sie wetzen/
wann du mich schon umgiebst mit engem Aengsten=Kreiss:
will Tugend=tapfer ich erhalten doch den Preiss.
Ein schwer=erlangter Sieg kan doppelt=hoch ergetzen.

Vergiess' ich weises Blut; die Thränen trennen nicht
vom Tugend=Rennen ab/ sie seynd vielmehr die Sporen/
dadurch ein traurigs Aug das Helden=Herz ansticht.

Sie werden zu Entsatz der Herzen=Bürd/ gebohren/
das so entlastet dann viel mehr mit Ehr verricht.
Bekriegst mich auf das neu/ so hast aufs neu verlohren.

Uber die streitende Christen-Ruh.

ES soll der Menschen Sinn ein solche Ruh nur lieben/
die GOtt zu loben nur nicht ruht in Ewigkeit.
Es sey nun solches Thun im Frieden oder Streit/
so ist es Ruh genug/in GOttes lob sich üben!
Das stille Wasser pflegt man schiffend zu betrüben:
das Ruder/das Gesetz/trübt die still-sicher Zeit:
die nie-bereute Reu/führt zu des Hafens Freud.
man muß zu GOttes Ehr' offtmals die Ruh verschieben!
Soll an Beherrschung/GOtt/der Wellen und
der Wind
erzeigen seine Macht/muß er sie erst bewegen:
So mustu/durch die Noht gelangen zu dem Ziel.
wer keine Rast und Ruh in seinem Sinn em-
pfind/
biß sich des Friedens Krafft in ihm beginnt zu re-
gen/
lebt krieg-und ruhend stäts nach GOttes Lebens-
Will.

Auf

Auf die überflüssige Winter- und Widerwärtigkeits-Länge.

ES kan mein Geistgeschick / mit dieser Zeit
sich gleichen:
wann Ungedult schier macht aus Jahren Ewig-
keit/
und sich nach längster Kält erzeigt ein Fünklein
Freud/
daß man nichts gwissers hofft / als Schnee und
Weh werd weichen
und pflegt bey kalter Sonn- und kleinem Trost/
zu schleichen:
biß halb-entblöße Feld/ und bleiche frischungs-
Heyd/
soll Trosts / es kom nur bald die Freud und Wär-
men Zeit/
den frohen Frülings-Port nun hessi zu erreichen.
Ach Schmerz-verkehrter Schluß! ietzt kommet
erst geflogen
das weiße Wolken-Heer/der grünen Hoffnung
Grab.
doch weicht ein standhafftes Herz/dem Widerstand
nicht ab/
biß/nach zugeben/ihn der Himel selbst bewogen:
Mann muß so lang mit ihm/durch Glaub und beten streiten/
biß überwunden er selbst tritt auf unsre Seiten.

K iij   Auf

Über die streitende Christen=Ruh.

ES soll der Menschen Sinn ein solche Ruh nur lieben/
die GOtt zu loben nur nicht ruht in Ewigkeit.
Es sey nun solches Thun im Frieden oder Streit/
so ist es Ruh genug/ in GOttes Lob sich üben!

Das stille Wasser pflegt man schiffend zu betrüben:
das Ruder/ das Gesetz/ trübt die still=sicher Zeit;
die nie=bereute Reu/ führt zu des Hafens Freud.
Man muss zu GOttes Ehr' offtmals die Ruh verschieben!

Soll' an Beherrschung/ GOtt/ der Wellen und der Wind
erzeigen seine Macht/ muss er sie erst bewegen:
So mustu/ durch die Noht gelangen zu dem Ziel.

wer keine Rast und Ruh in seinem Sinn empfind/
biss sich des Friedens Krafft in ihm beginnt zu regen/
lebt krieg= und ruhend stäts nach GOttes Lebens=Will.

Alle Aussagen sind eine einzige kluge Rechtfertigung der eigenen aktiven Haltung: Gutes Tun verursache notwendig Unruhe, Trübung und Streit (2. Quartett); deshalb sei Unruhe gut und Gott-gewollt: "Wer keine Rast und Ruh in seinem Sinn empfind/ ...lebt krieg= und ruhend stäts nach GOttes Lebens=Will". Das Ziel der notwendig auf sich genommenen Unruhe ist dies: "man muss zu GOttes Ehr' offtmals die Ruh verschieben." Zweimal spricht das erste Quartett denselben Gedanken aus: "Es soll der Menschen Sinn ein solche Ruh nur lieben/ die GOtt zu loben nur nicht ruht in Ewigkeit. Es sey nun solches Thun im Frieden oder Streit/ so ist es Ruh genug/ in GOttes Lob sich üben!" Der Vers "Es sey nun solches Thun im Frieden oder Streit" steht wegen der Einführung von "Frieden" einsam inmitten der anderen, Streit als notwendig begründenden Aussagen. Aber gegen Ende findet sich das Wort "Frieden" noch einmal (Vers 13); und dort wird gar der Eindruck erweckt, als ob aller Streit nur für den Frieden unternommen worden sei ("biss sich des Friedens Krafft in ihm beginnt zu regen"). Diese Erklärung garantiert Beifall, ist aber durch nichts innerhalb des Sonetts motiviert und steht in direktem Widerspruch zu den vorigen Aussagen, die "im Frieden oder Streit" Sinn in das nicht ruhende Loben Gottes legten, und die notwendige Not ("So mustu/ durch die Noht gelangen zu dem Ziel") mit der nicht ruhenden Haltung des Ich und dem "Trüben" und "Beherrschen" von Vers 4/5 und 9 gleichsetzten. Impliziert wird, dass alle notwendigen Aktionen und ihre Ergebnisse gottgewollt sind ("...lebt krieg= und ruhend stäts nach GOttes Lebens=Will").

Es herrscht aber der Eindruck vor, dass hier jemand handeln will, "streiten" will, und dass dieses Verlangen über mehr als seine lobenswerten Ergebnisse ("gottes Ehr") gerechtfertigt werden muss, da es mit "Frieden" in Widerspruch steht.

Sonett 93 und 94 blicken zurück auf das gerade überwundene Unglück. Das Ende von Sonett 94 minimalisiert es rückblickend, indem

Hertzliche Lob=und Freud=Ausspre-chung/ wegen Erhörung des Gebets/ und gnädiger Hülffe Gottes.

DEr Himmel sey gelobt/ im frohen Herzen springen/
das er Erhörungs Safft auf mein Gebet gethaut/
mein Herz in seiner Angst genädig angeschaut.
Nun will mit freuden ich Ihm Lobes=Opfer bringen.

Der Ewig' ists allein/ der meine Noht bezwing
und mich ergetzen kan/ weil ich auf ihn gebaut
in der und aller Noht/ unglaublich ihm vertraut
Drum läst Er mir nach wunsch jetzt alles so gelingen.

Der saure Thränen=Sam/ bringt süsse freuden Frucht.
Wie Heilig/ Herrlich/ hoch ist GOttes wunder Zucht!
den lebens Schauplatz Er/ mit Unglück pflegt zu dunkeln:

daß bey der Hülffe Liecht/ der Allmacht Pracht erschein.
Wie die Kunst=Feuerwerk man hält bey Nacht allein/
so läst auch GOtt in Noht/ das gnaden Strahlwerk funkeln,

Auf

Auf mein freudiges Beginnen.

NUn laß der luft den lauff / mein frölıches Beginnen!
nur dieses gieng noch ab/ an voller Herzens-Freud,
laß raumen ihre plätz die trübe Traurigkeit/
die in dem Herzens-Land sie lange Zeit hatt' innen!
ermunder deinen Muht / begeistre deine sinnen!
deñ/ die GOtt selber gibt / ist kein' unreine Freud,
Brauch/ weil der Höchst sie schickt / der Glück erquickten Zeit.
Columben ließ er auch / nach Angst/ die Welt gewinnen/
Man soll sich recht mit lust / wie jener Römer Ruhm/
selbst stürzen in die Grub des GOtt-versehnen leiden/
nicht nemen vor sein Creutz das gröste Keysertum:
weil die Erlösung bringt solch Herz durchsüßte Freuden.
Der Gnaden-Wolkenbruch / auf Unglück/ nider gehet.
Vor jeder trübselıgen Angst/ ein Lust/Meer man uns pflüht.

Uber

Hertzliche Lob= und Freud= Aussprechung/
wegen Erhörung des Gebets/ und gnädiger Hülffe Gottes.

DEr Himmel sey gelobt/ im frohen Herzen= springen/
das er Erhörungs=Safft auf mein Gebet gethaut/
mein Herz in seiner Angst genädig angeschaut.
Nun will mit freuden ich Ihm Lobes= Opfer bringen.

Der Ewig' ists allein/ der meine Noht bezwing
und mich ergetzen kan/ weil ich auf ihn gebaut
in der und aller Noht/ unglaublich ihm vertraut.
Drum lässt Er mir nach wunsch jetzt alles so gelingen.

Der saure Thränen=Sam/ bringt süsse freuden Frucht.
Wie Heilig/ Herrlich/ hoch ist GOttes wunder Zucht!
den Lebens Schauplatz Er/ mit Unglück pflegt zu dunkeln;

dass bey der Hülffe Liecht/ der Allmacht Pracht erschein.
Wie die Kunst=Feuerwerk man hält bey Nacht allein/
so läst auch GOtt in Noht/ das gnaden Strahlwerk funkeln.

---

dem Unglück von vornherein nur als Kontrast zu den Freuden des
Überstanden-Habens ein Daseinsgrund zugesprochen wird, und als Anlass,
die Wirkung Gottes -die man wie immer eng mit der Leistung des Ich
verbunden sehen kann- auszudrücken.

Die Resultate der veränderten Lage sind diese: "<u>Nun</u> will mit
freuden ich Ihm Lobes=Opfer bringen"; "Drum lässt Er mir nach wunsch
<u>jetzt</u> alles so gelingen". Dass diese Resultate, die alle in der
Sprechgegenwart des Ich stattfinden, identisch sind und mit den
Wünschen und Früchten voriger Sonette in Zusammenhang stehen, ist eine
begründete Annahme. Auch Sonett 93 legt den Ton auf die Notwendigkeit
von Unglück als Voraussetzung von Freude (erstes Quartett) und als
Kontrast zu Freude (zweites Quartett). Aber der Hauptgedanke ist, dass
die Freude ihren Grund darin hat, dass gerade Leid überwunden worden
ist; und so ist die Abwesenheit von Leid der Inhalt der Freude: "Der
lustigst Lustwall ist/ bey tieffen Trübsal graben; erledigt/ denken
nach/ wie tieff darinn man stack". Freude allein hat keine Substanz,
ist nicht fühlbar und nutzbar. Baut sie aber auf Leid auf, ist sie
auswertbar: "wir würden wunder=Lust/ an seiner Rettung <u>schauen</u>"; sie
fungiert in einem Prozess, der anschaulich gemacht werden kann. Dabei
ist nicht das Interessante das Gerettet- <u>Sein</u>, sondern das Gerettet-
<u>Werden</u>. "An seiner Rettung" könnte beides bedeuten, aber das Sonett
zeigt eindeutig, dass der erreichte Zustand des Glücks nur in seiner
Verbindung mit den Vorgängen, die zu ihm führten, gesehen wird. Das
Sichtbarmachen dieser Vorgänge ist der Gehalt dieses Sonetts, das
Glück nicht anders als über Unglück definiert.

V

Gottes Wunder=Würkung in der Schwach= und Nichtigkeit

Es ist bisher gezeigt worden, dass die Dichtkunst in der Aussage der lyrischen Sonette zentrale Stellung einnimmt. Sie macht -oft im Kleid religiöser formelhafter Aussagen- Thema und Gegenstand der Sonette aus, auf die alle Impulse aus dem Erlebnisfeld der Sprecherin bezogen werden und in denen sie aufgehoben werden, indem sie dort, im Schaffensvorgang selbst, gedichtete Realität gewinnen, die vom Ich ersehnt, tätig erstrebt und über den Sprachprozess erreicht wird. Innerhalb der Realität dieser Sonette erfüllen sich Hoffnung und Streben und bietet sich ein Lohn. Dadurch, dass dieser Lohn - meistens mit "Ruhm" oder "Prangen" umschrieben- ein diesseitiger und Ichbezogener Wert ist, sieht das Ich sich ständig genötigt, seine Motivation und sein Werk zu rechtfertigen, was es stets über den Weg der Religion tut. Gottgewolltes, von Gott Beeinflusstes, Gott Verherrlichendes ist unangreifbar -oder sollte es doch sein. Um dies herauszustellen, ist es nötig, dass das eigene Wollen hinter dem Gottes verschwinde, dass das Ich nur die Funktion eines Werkzeugs für Gottes Ruhm übernehme, und dass es seine eigene Nichtigkeit und Passivität proklamiere.[184] Da aber das Werk sich in dem Prozess des Aussagens selbst entwickelt und erfüllt, bedeutet dieses Rechtfertigungsstreben mehr als die Korrektur des Blickwinkels des Empfängers. Es ist ein weiterer Aussagefaktor dieser Lyrik, der ihre Eigenart wesentlich bestimmt. Denn die Schaffensbedingungen -da in das Werk mit einbezogen- die Motivation -da zum Gegenstand der Aussage gesetzt-, die Mechanismen der Argumentation, -da im Werk sichtbar gemacht-, sind so sehr Bestandteil des Endprodukts, des fertigen

---

[184] Curtius weist nach, dass schon seit Cicero Bescheidenheitsformeln üblich sind; oft ist so eine Formel "verbunden mit der Mitteilung, man wage sich nur deshalb an das Schreiben, weil ein...Höherstehender eine entsprechende Bitte, einen Wunsch, einen Be-

Werkes, wie das zwar ostentativ ins Zentrum gestellte, aber in der Aussage auf Formeln reduzierte Erstrebte, das "Gotteslob". Sie sind wesentlicher Bestandteil, da sie das Feld der Aussage beherrschen.[185]

Die Protestationen der eigenen Nichtigkeit[186] und passiven Einstellung enthalten immer schon die Möglichkeit ihres Gegenteils; und da Selbstbestätigung und Anerkennung sich als ein Angelpunkt der Motivation zeigen, lebt diese Lyrik in der Spannung zwischen der proklamierten Haltung und der demonstrierten Handlung und Leistung des Ich. Es soll in den folgenden Analysen in den Vordergrund gestellt werden, dass es Differenzen zwischen dem Gesagten und dem Gezeigten gibt, und untersucht werden, in wieweit die Aussage dadurch zustande kommt, dass sich ein Spannungsfeld zwischen öffentlich Erstrebtem und im Werk Vollzogenem bildet. Die Themen, die sich anbieten, sind vor anderen: Passivität im Widerspruch zur eigenen Willensausübung und dem Bedürfnis, auf Schicksal und Welt Einfluss auszuüben; Bescheidenheit gegenüber dem Streben nach öffentlicher Anerkennung; die Versicherung der eigenen Wertlosigkeit im Bewusstsein des Auserwählt-Seins.

In Sonett 65 liegen die Widersprüche zwischen der erklärten Schwäche und "Blödheit" des Sprechers und dem Bewusstsein seiner Stärke und Fähigkeit sichtbar und deutlich auf der Sprachoberfläche, und die Spannung, die sich ergibt, ist hier eine offene. Die widersprechenden Aussagen stehen sich im Oktett und im Sextett gegenüber. Das Oktett, das wie ein Zuspruch des lyrischen Ich an sich selber wirkt, enthält die Erklärungen der eigenen Stärke; das Sextett, das

---

fehl geäussert habe." Op. cit., S.95.

[185] Es soll nochmals betont werden, dass das hier Gesagte sich auf einen ausgewählten Teil der Sonette bezieht, die die "lyrischen Sonette" genannt werden. In vielen anderen Sonetten der Sammlung dominieren religiöse Aussagen.

[186] Dieser Topos "affektierter Bescheidenheit" ist schon seit der Antike ein beliebtes Mittel, den Hörer wohlwollend zu stimmen. Cur-

zunächst Gott anspricht und dann im Schlussatz die Leistung des Ich und die Hilfe Gottes verbindet, bespricht die eigene Schwäche. Noch weitere Widersprüche zeigen sich zwischen diesen beiden Teilen des Sonetts: Das Oktett empfiehlt Heimlichkeit, Verborgenheit und Stärke im Dulden und Ausharren; das Sextett dagegen betont eine aktive Haltung und die Sichtbarkeit, den starken Eindruck, den das Geleistete erwecken wird.

Das Oktett drückt ein Elite-Bewusstsein aus, das die eigenen Leistungen in den Vordergrund stellt. Diese bestehen in der Stärke und Verborgenheit der Hoffnung auf etwas Grosses: "Still und stark im hohen hoffen/ heimlich und verborgen seyn"; in Festigkeit unter schwierigsten Umständen: "sich nit rühren/ wann der grund aller Erden wird beweget"; im Starksein, wo andere versagen:[187] "sein unüberwindlich-stark/ wann sich jetzt die Schwachheit leget"; im Überwinden von Scharen von Angreifern: "Aller Welt gerüstes Kriegs-Volk überwinden ganz allein"; im Verborgenhalten des als deutlich wahr Erkannten: "in geheimen Herzen-abgrund/ bergen klaren warheit schein"; im Erdulden von Widrigkeiten: "dulten/ dass der bossheit Rauch Ehren-flammen niederschläget"; im Ertragen des Ausbleibens von gerechtem Lohn: "Dass/ vor holde Rosenblüh/ Tugenstrauch Hassdornen träget".

Diese Leistungen werden deutlich als hervorragend betont: "ein Himmlisch Herz gewürke" (wobei "Himmlisch" wie schon oft nicht primär religiöse Bedeutung trägt, sondern vor allem als höchstes Wertungswort gesehen werden muss) und dann nochmals moralisch als bewunderungswürdig hingestellt: "Aber kein (= und nicht etwa eine =)

---

tius nennt ihn "mediocritas". Op. cit., S.94/95.

[187] "(Ciceros) Meinung nach ist die Redekunst die einzige Kunst, die den Einzelnen oder wenige, wenn sie sie beherrschen, aus der Menge hervorhebt: ' Denn was ist so bewunderungswürdig, als wenn aus einer unendlich grossen Menge von Menschen einer auftritt, der das, was die Natur allen verliehen hat, entweder allein oder nur mit wenigen ausüben kann?'" J. Dyck, op. cit., S.133.

Gemüts-Stillung.

Sey still / gib GOtt die Ehr! Er weiß die
zeit zu finden:
In seiner vorsicht schatz ist sie schon ausgetheilt.
Sein Ziel wird durch gedult / durch murren nicht/
ereilt.
Der Ball pflegt / schlägt man starck / aufs neue zu
verschwinden.
Ein Schiff laufft Hafen ein/bey sanfft gelinden
winden:
der ungedultes-Brauß die Anfurt nur verweilt.
Ein still-verwundter wird viel ehender geheilt.
Von freyheit unbekriegt/ lässt Er sich eher binden.
Sich blinden/Gott vertraut/ist Haupt-vorsich-
tigkeit.
So höher ist sein Ziel/so minder es zu greiffen:
es wunder-herrlich sich/ mit längerung der zeit.
Die kostbarn Geister-Säfft/gemach/gemach her
träuffen.
so wenig als die Sonn versiht ihr untergehn/
kan Gott die rechte Zeit der Hülff auch übersehn.

Auf

Auf Gottes seltsame Geist-Regirung.

Still und starck im hohen hoffen / heimlich
und verborgen seyn:
sich nit rühren / wann der grund aller Erden wird
beweget:
sein unüberwindlich-starck / wann sich jetzt die
schwachheit leget:
Aller Welt gerüstes Kriegs-Volk überwinden ganz
allein:
in geheimen Herzens-abgrund / bergen klaren
warheit schein:
dulten / daß der bossheit Rauch Ehren-flammen
niderschläget.
Daß/vor holde Rosenblüh / Tugendstrauch Haß-
Dornen träget:
ist ein Himmlisch Herz gewürke/ aber kein gemeine
Pein.
HERR! hilff meiner schwachheit streiten: sie ist
ohne dich ein Glas:
du bist ihres schildes bild: wer dich siht/ wird starr
erstäunet.
Gieß allüberwindungs safft / in diß schwach und
Eyren Faß!
meiner schwachheit spinngeweb / wann es deine
Krafft umzäunet/
kan die stärksten Wallfisch fangen. Meine blödheit
irrt mich nicht:
sie ist ursach/daß der höchste durch mich etwas groß
verricht.

Auf

Auf Gottes seltsame Geist=Regirung.

Still und stark im hohen hoffen/ heimlich und verborgen seyn:
sich nit rühren/ wann der grund aller Erden wird beweget:
sein unüberwindlich=stark/ wann sich jetzt die schwachheit leget:
Aller Welt gerüstes Kriegs=Volk überwinden ganz allein;

in geheimen Herzens=abgrund/ bergen klaren warheit schein;
dulten/ dass der bossheit Rauch Ehren=flammen niderschläget.
Dass/ vor holde Rosenblüh/ Tugendstrauch Hass=Dornen träget:
ist ein Himmlisch Herz gewürke/ aber kein gemeine Pein.

HERR! hilff meiner schwachheit streiten: sie ist ohne dich ein Glas:
du bist ihres schildes bild: wer dich siht/ wird starr erstaunet.
Giess allüberwindungs safft/ in diss schwach und Eyren Fass!

meiner schwachheit spinngeweb/ wann es deine Krafft umzäunet/
kan die stärksten Wallfisch fangen. Meine blödheit irrt mich nicht:
sie ist ursach/ dass der höchste durch mich etwas gross verricht.

gemeine Pein", nachdem bereits jeder Aussage impliziert oder ausgesprochen eine Wertung angehängt worden war.

Die Erklärungen der Schwachheit im Sextett sind ebenso stark formuliert wie die der Stärke im Oktett. Der Unterschied besteht darin,
dass hier alle Aussagen deutlich auf den Sprecher bezogen sind,
wogegen vorher Infinitive die unspezifischste grammatische Zuordnung
möglich machten. Zerbrechlich wie Glas und Ei ("Eyren") fühlt sich
das Ich, zerreissbar wie ein Spinnennetz; es findet sich
hilfsbedürftig. Aber es soll ihm nicht aus einer Not geholfen werden,
es sucht nicht Schutz, sondern Beistand im Kampf, - im Angriff, nicht
in der Verteidigung oder im Beharren: "HERR! hilff meiner schwachheit
streiten ", "Giess' allüberwindungs safft...", "...kan die stärksten
Wallfisch fangen." Die Stärke liegt hier ausserhalb seiner selbst,
aber das Ziel alles Tuns besteht immer noch darin, Stärke -wenn auch
indirekt, durch Hilfe- , unter Beweis zu stellen und "etwas", in der
Schlusszeile näher mit "etwas gross" bezeichnet, zu verrichten. Daher
ist jedem Schwächebekenntnis ein Appell an die Stärke zugeordnet, die
das Ich braucht, um das Erwünschte zu erreichen.

Die Bilder des Sextetts, obgleich im grösseren Rahmen des Sonetts
stimmig als Glieder der Kette von Kriegsbildern, wirken innerhalb
ihrer Zeilen zunächst gesucht und übertrieben: die gläserne und dann
gar "eierne" Schwachheit, die streitet und das Spinnenetz überwindet,
das Walfische fangen kann.[188] Aber durchgehend wird gerade durch die
Verzerrung deutlich, dass diese Bilder die beiden Extreme Stärke und
Schwäche betonen; indem sie beide Seiten übertreiben, lassen sie den

_____

[188] G.Fricke nennt diesen Gebrauch von Bildern "uneigentlich" und
ihre Wirkung "abstrakt" und erklärt Unstimmigkeiten so: "...damals
meinten die Wörter eben nicht die Dinge, sondern nur die allgemeinen
und verbindenden Empfindungen". Gerhard Fricke, Die allgemeine Struktur und die ästhetische Funktion des Bildes bei Gryphius, in Deutsche
Barockforschung. Dokumentation einer Epoche, hrsg. von Richard Alewyn
(Köln, Berlin, 1965), S.312f.

Kontrast grell hervortreten;[189] die Schwäche des Ich ist gesteigert durch die Stärke Gottes, und Gott wirkt noch stärker angesichts solcher Schwäche.

Noch weiteres sagen diese Bilder aus: Die Schwäche, die zur Passivität verurteilt scheint, kann, indem sie ihrerseits zunächst beschützt wird, leicht in die Stärke der Tat verwandelt werden, die zum Sieg verhilft: das Glas wird zum Schild und damit zur effektiven Kriegswaffe, wenn Gott durch das Bild darauf die Feinde erstarren lässt; das Fass, mit "allüberwindungs safft" gefüllt (es liesse sich -im Bild bleibend- etwa eine ätzende Säure denken), ist -statt zerbrechlich und gefährdet- seinerseits gefährlich für den Feind, es wird aus der Lage extremer Hilflosigkeit in die des siegesgewissen Angreifers versetzt; das Spinngewebe, wenn "umzäunet" von Gottes Kraft, kann mehr als Fliegen, es "kann die stärksten Wallfisch fangen" und ist somit eine Falle für den mächtigsten Gegner. Der Gedankengang ist nur überzeugend im Fall des gläsernen Schildes und -bedingt, da nicht sogleich deutlich- in dem des ätzenden Saftes im zerbrechlichen Gefäss. Aber durchgehend zeigt sich die Tendenz des Umschlags von verletzlich und passiv zu stark und aktiv.

Nichts in dem Werk eines guten Dichters ist zufällig. Catharina von Greiffenberg wählt ihre Worte und Bilder mit äusserster Sorgfalt. Dennoch könnten sich angesichts der platten Widersprüche zwischen Oktett und Sextett bei diesem Sonett Zweifel an ihrer Kompetenz melden.[190] Es stellt sich jedoch heraus, dass der Rest des Sonetts als

---

[189] Vgl. Spahrs Definition von Manierismus: "Mannerism is intentional distortion or formal manipulation for the purpose of effect" (Blake L. Spahr, "Baroque and Mannerism: Epoch and Style," Colloquia Germanica 1967, I, S.81) und Strich: "Alles empfängt erst von seinem Gegenteil seine Wucht und Wirkung" (Fritz Strich, Der lyrische Stil des 17. Jahrhunderts, in R. Alewyn, op. cit., S.229f.

[190] Kimmich berücksichtigt diese Widersprüche nicht, hält aber dieses Sonett wegen der Liste der Stärkebekundungen, die "with no apparent method" zusammengestellt sei, für wenig kunstreich. Nach dem

Gegenspiel zu dem Oktett angelegt ist und sich deshalb jeder Aussage desselben anpasst. Denn die Spannung, die sogleich auf der Oberfläche bemerkbar ist, liegt nicht nur in den Aussagen, sondern wird bis zur exakten Korrespondenz der Einzelheiten durchgeführt. Dem "stark" (V.1/3) entsprechen "Schwachheit" (V.9), "Schwach" (V.11), "schwachheit" (V.12); dem "heimlich" (V.1) und "verborgen" (V.1) das "Glas" (V.9), d.h. die Konnotation "durchsichtig", "klar" und das "bild" und "siht" (V.10) ; dem "sich nit rühren" (V.2) entspricht das "streiten" (V.9); dem "gerüstet" (V.4) das "Eyren Fass" (V.11); dem "ganz allein" (V.4) das "hilff" (V.9); dem "geheimen" (V.5) -einer Variation zu "Heimlich und verborgen"- entsprechen die schon angeführten Ausdrücke von Sichtbarkeit; dem "bergen" (V.9) und "dulten" (V.6) die "allüberwindung" (V.11) und das "fangen" (V.13); dem "klaren warheit schein" (V.5), "Himmlisch Herz gewürke" und "kein gemeine Pein" (V.8) entspricht die "blödheit" (V.13).

Bisher ist nur nachgewiesen worden, dass der Sprecher über sich widersprechende Aussagen macht, die fraglos aufeinander abgestimmt und somit beabsichtigt sind. Dass dabei auf der Oberfläche das Sonett nicht in diese beiden Teile zerfällt und die eine oder andere Hälfte der Aussagen unglaubwürdig wird, ist erreicht worden, indem die Erklärungen von Stärke und Heimlichkeit in eine unspezifische grammatische Form gekleidet sind, den Infinitiv, so dass nirgendwo deutlich zu lesen ist: "Ich bin stark!", dem dann "meine Schwachheit" glatt widerspräche; und ferner ist ein eklatanter Widerspruch vermieden worden dadurch, dass die Schwäche, die im Sextett ausgeführt worden war, immer sogleich Zeile für Zeile antithetisch in Stärke verwandelt wurde durch die zugezogene Hilfe Gottes, so dass der Eindruck, der letztlich bleibt, trotz aller Schwächeprotestationen einer von Stärke ist. Dies

---

Oktett sei die Dichterin gänzlich

"without method" (Diss., S.59/60). Sie sieht das Sextett als eine einfache Wiederholung des schon Gesagten (ibid.,S.60).

ist aber nur der Eindruck, der erweckt wird; die Worte und Bilder sagen nach wie vor Anderes, Widersprechendes, und es bleibt die Frage, was diese Widersprüche ausdrücken. Ist das Ich stark oder schwach, ist es passiv oder aktiv, handelt es verborgen oder deutlich?

Fraglos ist das Ich mit Gott stark; die Wirkung Gottes in diesem nicht genauer bezeichneten Kampf auf den ebenfalls nur umschriebenen Gegner (" wer dich siht", V.10, und "die stärksten Wallfisch", V.13) heben die manieristischen Bilder hervor. Aber die Aussagen über Gottes Stärke sind kaum in dies Sonett aufgenommen, um Gott näher zu bezeichnen. Das Ich ist der Auslöser jeder Charakterisierung Gottes; sein Anderssein bewirkt die Aussagen über Gott, und dies Anderssein und nicht Gott steht im Vordergrund. Gott geht, wie schon oft gezeigt, in diese Dichtung nur über den Menschen ein; Aussagen über ihn haben eine ganz spezifische Funktion innerhalb des Gedichts -hier im Sextett (Gott erscheint gar nicht im Oktett) die des starken Kontrasts zu dem Ich, dessen Schwachheit dadurch hervorgehoben wird-, und wirken in diesem abgegrenzten Rahmen. Dieses Sonett lässt sich kaum als eine Dichtung über die Stärke Gottes oder seine "seltsame Geist=Regierung" denken, wie der Titel vorgibt, sondern es ist eine Dichtung über die Beschaffenheit des Sprechers; er selbst dominiert das Sprachbild. Aber die Frage, die sich stellte, ist noch unbeantwortet: Ist dieses Ich stark oder schwach, als was stellt es sich dar? Es sind in diesem Sonett soviele Erklärungen darüber abgegeben worden, was das Ich ist und was es nicht ist, dass diese Selbstdarstellung in den Mittelpunkt der Aussage rückt.

Auf der Sprachoberfläche lassen sich die Widersprüche nicht auflösen, denn ein Eindruck von Stärke, der durch die Verbindung mit Gott erweckt wird, ist nicht genug, um die Erklärungen der Schwäche im Sextett aufzulösen und damit die Stärke im Oktett zu rechtfertigen, wo doch die Leistung deutlich "ganz allein" zu vollbringen ist. Die neue Angriffshaltung im Sextett stimmt nach wie vor nicht mit der festen Haltung im Dulden und Ausharren im Oktett überein; und Heimlichkeit und Verbergen von eigenen Hoffnungen und sogar dem Schein der Wahrheit ist unvereinbar mit der erstrebten Reaktion starren Erstaunens eines feindlichen Betrachters. Heimlichkeit ist auch kaum glaubwürdig, wenn sie öffentlich dargestellt wird.

Es bleibt so die Möglichkeit, dass die Widersprüche die Funktion haben, ein Spannungsfeld zwischen den Polen der Aussagen herzustellen, das selbst Aufmerksamkeit beansprucht. Aber die Frage nach der genauen Beschaffenheit des Ich bleibt unbeantwortet, da eine eindeutige Antwort unerwünscht ist. Es war schon die Rede davon, dass im Sextett ein Eindruck erweckt wird: -der von Stärke und Fähigkeit, "etwas gross" zu verrichten, allerdings nur mit Hilfe Gottes; auch im Oktett wurde ein Eindruck erweckt durch die starken Wertungsworte und selbstbewussten Aussagen. Beide diese Eindrücke weisen in dieselbe Richtung: Das Ich ist bewundernswert und leistet Bewundernswertes, sowohl passiv als auch aktiv; duldend sowohl wie handelnd ist es fähiger als andere Menschen ("ganz allein"; "wann sich...die schwachheit leget"; "kein gemeine Pein"). Direkt gesagt worden ist aber nichts dergleichen, soviele Worte auch gefallen sind. Keines lässt sich eindeutig dem Ich anheften, das deshalb nicht der Unbescheidenheit bezichtigt werden kann, denn das Oktett spricht ohne deutlichen Ich-Bezug, das Sextett betont die Schwäche des Ich. Was über die Art des Ich gesagt wurde, stand im Widerspruch zu den Implikationen; es waren Bekundungen der Schwäche und Hilfsbedürftigkeit. Durch die Aussagen der Sprachoberfläche und bis in den Impakt der Bilder hinein wird eine Spannung geschürt, die den Empfänger veranlässt, sich Gedanken über das Gesagte zu machen, das das Ich unangreifbar erscheinen lässt; denn direkt hat es sich nirgendwo gelobt. Aber der Eindruck bleibt zurück, dass das Ich nicht nur aussergewöhnliche Fähigkeiten besitze, sondern dass diese in dem Sonett selber unter Beweis gestellt worden sind.

Oft scheint etwas anderes gesagt zu werden, als gemeint sein kann. Die Funktion Gottes in diesen Aussagen mit ihren direkten Resultaten für das Ich wird nicht wirklich verborgen. Es scheint vielmehr, als ob das Ich, hier wie in vielen Sonetten, davon besessen sei, den Leser zu lenken, damit seine Wahrheit dennoch erkennbar werde. Es ist zwar sein Ziel, nicht alles dem flüchtigen Blick zu offenbaren, und in diesem Sinne sind die "Heimlichkeit" und "Verborgenheit" des Oktetts ernst zu nehmen. Aber heimlich sein und dafür anerkannt werden, kann nur durch eine "heimliche "Art zu sprechen erreicht werden.[191]

Der Satz: "du (Gott) bist ihres Schildes bild; wer dich siht/ wird starr erstaunet" fasst gut zusammen, welche Rolle Gott hier spielt: Wie das Symbol auf einem mittelalterlichen Schild dem Feind gezeigt wird, damit es in solcher Vergegenwärtigung den Kampf beeinflusst, ohne aktiv in das Geschehen einzugreifen, so genügte es schon, gewisse Eigenschaften Gottes und das Bekenntnis eigener Hilfsbedürftigkeit zu wiederholen -das bedeutet im Sprachprozess ein Zeigen-, damit das Ich auf dem von ihm selbst eingeschlagenen und mit persönlichem Interesse verfolgten Wege zum Ziel gelange. Gott selbst braucht nicht als eingreifend dargestellt zu werden, und kein Nachweis seiner Anteilnahme an dem Verrichteten war nötig. Auch hier reicht es

---

[191] Siehe Black/Daly, die selbst private Gelegenheitsgedichte verschlüsselt finden ("freilich ist der persönliche, ja bekenntnishafte Charakter dieser Dichtung nicht auf den ersten Blick zu erkennen...", Op.cit., S.6; sie erklären dies so: "Das Allzupersönliche galt im 17. Jahrhundert als belanglos, uninteressant, ja als Ballast, der der universalen Gültigkeit des Kunstwerks Abbruch tue. Offensichtlich beugt sich Catharina der herrschenden Konvention, die dem Dichter jedes unumwundene Bekenntnis versagt, nicht nur in Werken, die zur Veröffentlichung bestimmt waren, sondern auch in Gelegenheitsgedichten wie diesem Sonett (einem unveröffentlichten Sonett), das sie an einen ihrer engsten Freunde richtet. Auch hier kleidet sie ihre Erlebnisse in allgemeingültige Formen und enthält sich allzu deutlicher Anspielungen...". Ibid., S.26. Es scheint aber über die Anpassung an eine herrschende Konvention hinaus hier überdies die Notwendigkeit empfunden zu werden, sich zumindest formal gegen persönliche Angriffe zu sichern.

aus, dass Gott angerufen, d.h. im Sonett dem Empfänger vor Augen gestellt wird. Gottes "Bild" allein muss gemalt werden; die Wirkung folgt. Das Ich erreicht das Gewünschte, aber sagt, Gott verrichte es, und dies ist der letzte der erweckten Eindrücke.

Fraglos will das Ich wirklich stark sein, handeln und seine Eigenart zeigen, und dann auch anerkannt werden, -sowohl für seine Fähigkeiten als auch für deren Beweis. Dass es Gottes Wirkung zwar herausstellt, aber dennoch abgrenzt durch das Erwecken von Eindrücken eigener Fähigkeiten und grosser Leistungen, die es "ganz allein" vollbringen kann, verdeutlicht aber gerade durch das aufs Spiel-Stellen des Gewonnenen (der Unangreifbarkeit) die Tatsache, dass es Ziele hat, von deren Verfolgung es nicht ablassen kann. Es will bewundert werden; es will sich als bewunderungswürdig darstellen. Direkt ist das unvereinbar mit dem Topos dichterischer Bescheidenheit, christlicher Demut und den Gegebenheiten des "Standes" im weitesten Sinne. Dies Sonett ist eines der deutlichsten (da auf der Sprachoberfläche offensten) Beispiele dafür, wie innerhalb der Dichtung ein Ausweg gefunden wird, wie Selbstbewusstsein und Ehrgeiz mit gleichzeitiger öffentlicher Bekundung von Unfähigkeit und Bescheidenheit vereinigt werden können und aus den Widersprüchen ein Ganzes geformt wird, das Bewunderung fordert.[192]

Sonett 49 sieht auf den ersten Blick wie eine Spielerei mit dem Wort "will" aus und wirkt daher wie ein Paradebeispiel für manieris-

---

[192] Slocum erwähnt mehrfach diesen Widerspruch. Sie hebt hervor, dass Catharina "die Demut (Einsicht in ihre Ungenügsamkeit) mit Selbstherrlichkeit zu verbinden scheint" (op.cit., S.52), und sagt: "Dieses selbstherrliche Bewusstsein um die Eigenbedeutung scheint mit der demütigen Dichterhaltung, die in den Sonetten immer wieder formuliert wird, im Widerspruch zu stehen." Op.cit., S. 70 (s. dazu auch S.107). Slocum löst "die zwiespältige Haltung" auf, indem sie "Selbstherrlichkiet" ausschliesslich den "höchst intellektuelle(n), bewusste(n) Kunstspiele(n)" zuordnet, die es Catharina ermöglichen, "in demütiger Einfalt kunstvoll zu verfahren" (S.107/108).

Auf eben dieselbige.

GEdult/ gedult ist noht/ in hohen schweren
dingen:
zu sehen/biß der Raht deß höchsten wird vollbracht.
Offt wird der Sinn verruckt/ Vernunfft ganz
blind gemacht:
auf unvermeinte Kreiß die Ausgangs Flüg sich
schwingen/
entfernen sich/wañ sie es solten itzt vollbringen/
vollziehen allererst wann man nit drauf gedacht:
daß unbegreiflich werd sein hoher Raht geacht/
und doch dem Glauben müß sein Ziel und Sieg
gelingen.
Des Höllen-Drachen Rach/speyt Feuer daß es
blitzt/
er ist jetzt zu dem End/der bösen zeit erhitzt:
doch schad sein toben nichts. Des Hummels schluß
bestehet:
was in Abgrund verstürzt/ empor mit freuden
gehet.
Dem Gottes-willen All-All-Alles giebet nach.
Selbst Aller widerstand befördert seine Sach!

Uber

Uber mein Symb. oder gedenk-spruch.
W. G. W.

ES gehe/ wie GOtt will/in meinem ganzen
leben:
Es gehe/wie GOtt will/ auff dieser weiten Welt!
denn Alles/was GOtt will/ mir trefflich wol gefällt:
will auch/ in was GOtt will/ mich williglich ergeben.
Es wolle/was Gott will/sich/wann Gott will/
anheben.
Ich geh/ wohin GOtt will/ deß Weg' ich mir er-
wehlt/
Ich komm/ wohin GOtt will/ es sey ihm heimgestellt.
Will auch/so lang GOtt will/ in furcht und Hoffnung schweben.
Ich dien/ wozu GOtt will/ dem ich mich ganz
geschenkt:
auff daß man mein dabey/ wie lang GOtt will/
gedenkt.
Ich liebe/wer GOtt will/ wie ich/vor alles lieben.
Ich bau/worauff GOtt will/ auff seinen lieben
Sohn.
Woher GOtt will/ mag mir herkommen Freud'
und wonn'.
In wie/was/ wann GOtt will/ will ich mich allzeit üben.

Uber

Über mein Symb. oder gedenk=spruch.
  W.G.W.

ES gehe/ wie GOtt will/ in meinem ganzen leben;
Es gehe/ wie GOtt will/ auff dieser weiten Welt!
denn Alles/ was GOtt will/ mir trefflich wol gefällt;
will auch/ in was GOtt will/ mich williglich ergeben.

Es wolle/ was Gott will/ sich/ wann Gott will/ anheben.
Ich geh/ wohin GOtt will/ dess Weg' ich mir erwehlt.
Ich komm/ wohin GOtt will/ es sey ihm heimgestellt.
Will auch/ so lang GOtt will/ in furcht und Hoffnung schweben.

Ich dien/ wozu GOtt will/ dem ich mich ganz geschenkt:
auff dass man mein dabey/ wie lang GOtt will/ gedenkt.
ich liebe/ wer GOtt will/ wie ich/ vor alles lieben.

Ich bau/ worauff GOtt will/ auff seinen lieben Sohn.
Woher GOtt will/ mag mir herkommen Freud' und wonn'.
In wie/ was/ wann GOtt will/ will ich mich allzeit üben.

tische "Künstelei";[193] es geht dabei noch viel weiter als Sonett 47. Aber die Dichterin, deren Bildung von ihren Zeitgenossen gerühmt wurde,[194] hatte es nie mit dem Effekt bewenden lassen; denn sie kannte sicherlich die Worte Ciceros: "Was ist nämlich so unsinnig wie ein leerer Schall von Worten, wenn sie auch noch so schön und zierlich sind, ihnen aber kein Gedanke und keine Wissenschaft zugrunde liegt?"[195] Dies Sonett enthält neben der "Künstelei" gleichzeitig genügend "Kunstgriffe",[196] die eine differenzierte Aussage vermitteln.[197]

Zunächst und anknüpfend an den Titel "W.G.W.", dessen Auflösung der erste Schritt der Erschliessung dieses Sonetts ist, drängen sich die Worte in den Vordergrund, die vom Willen Gottes handeln: "wie Gott will", "was Gott will", "wann Gott will", "wohin Gott will", "solang Gott will","wer (=wen) Gott will", "wozu Gott will", "wie lang Gott will", "worauf Gott will", "woher Gott will", "wie/was/wann Gott will". Kein Vers wird bei dieser Reihung ausgelassen, und es gibt reichlich Material, das erste "W." des Titels zu ergänzen. Diese Aussagen über Gottes Willen dominieren das Sprachbild; sie sind wie ein Netz, das sich über das Sonett legt. Aber es ist durchsichtig genug, dass auch andere Ausssagen sichtbar werden.

Diese anderen Aussagen handeln von dem "Willen" des Ich, das Vers für Vers jedem Ausdruck von Gottes Willen seinen anschliesst, indem es sich freiwillig, freudig und überzeugt Gottes Willen unterwirft. Sprachlich geschieht das einmal durch direkte Parallelformulierungen: "Will auch/ was GOtt will/ mich williglich ergeben"(V.4); "Will auch/

---

[193] Curtius, op. cit., S.286.
[194] s. Birkens "Voransprache" zu den <u>Sonnetten</u> und Frank, Diss., S.25.
[195] zitiert in J.Dyck, op. cit., S.130.
[196] E.R.Curtius, op. cit., S.287.
[197] Keineswegs kann man es "another ineffectual poem" nennen. (J.Sullivan, op. cit., S.219).

so lang GOtt will/ in furcht und Hoffnung schweben"(V.8); "Ich liebe/ wer GOtt will/ wie ich vor alles lieben"[198] (V.11); "In wie/waₛ/wann GOtt will/ will ich mich allzeit üben"(V.14). Diese direkten Willigkeitsbekundungen enden jede Strophe und rücken durch diese betonte Stellung in den Vordergrund.

Ebenfalls direkt, aber im Ton weniger nachdrücklich, sagen die ungebundenen Aussprüche dasselbe: "Ich geh/ wohin GOtt will..." (V.6); "Ich komm/ wohin GOtt will..."(V.7) -diese beiden Sätze sind aufeinander abgestimmt und umspannen zusammen jede Bewegung, die das Ich macht-; "Ich dien/ wozu GOtt will..."(V.9); "Ich bau/ worauf Gott will..."(V.12). Ein Eindruck von schlichter Selbstverständlichkeit wird erweckt. Das Ich hält sich so weit wie möglich aus noch einer Aussageform heraus: Konjunktivsätze drücken die allgemeine Zustimmung aus, so dass ein möglicher Eindruck von Eigenwilligkeit, der in den stärker formulierten Erklärungen vielleicht hätte entstehen können, hier völlig vermieden wird: "Es gehe/ wie GOtt will..."(V.1/2); "Es woll/ was GOtt will/ sich/ wann GOtt will/ anheben"(V.5); "es sey ihm heimgestellt"(V.7); und "Woher GOtt will/ mag mir herkommen Freud und wonn'"(V.13) -eine Modalkonstruktion, deren Sinn sie neben die vorigen stellt. Durch diese grammatische Form ist es möglich, dass das Ich bei aller Zustimmung zurückhaltend bis zur Passivität wirkt.

Es ist also zunächst vielfach und nachdrücklich klargemacht worden, dass das Ich sich dessen bewusst ist, dass Gottes Wille existiert, dass er überall existiert. Ebenso deutlich ist das Ich bereit, sich diesem Willen zu unterwerfen, - und hierbei differenziert es die Art seiner Unterwerfung: Zunächst spielt sein eigener Wille in der Bedeutung von Frei- Willigkeit eine wichtige Rolle: Das Ich will sich Gott "williglich ergeben" (V.4); es hat sich Gottes Wege "erwählt"(V.6), seine eigenen ihm "anheimgestellt"(V.7); es hat sich

---

[198] Dieser Vers ist vermutlich zu lesen: Ich liebe, wen GOtt will/

selbst Gott ganz "geschenkt"(V.9). Dann nennt es die Freudigkeit, die
es aus dieser Haltung gewinnt; "Woher GOtt will/ mag mir herkommen
Freud und wonn'"(V.13). (Auch Vers 3 gehört in diesen Zusammenhang:
"..mir trefflich wol gefällt"; aber das positive Gefühl ist nur eine
der darin enthaltenen Aussagen). Und schliesslich stellt das Ich
heraus, dass es überzeugt diese Haltung einnimmt; seine Vernunft hat
auch eine Rolle hierbei: "denn alles/ was GOtt will/mir trefflich wol
gefällt"(V.3); "auff dass man mein dabey/ wie lang GOtt will/
gedenkt"(V.10). Dies bedeutet mehr als das Befolgen von Gebotenem
oder Richtigem: die eigene Neigung rät zu diesem Weg.

So ist die "Willigkeit" des Ich in mannigfachen Sprachformen und
in ihrer genauen Beschaffenheit ausgedrückt worden. Diese Aussagen
sind überdies so formuliert, dass Gottes Einfluss auf das Dasein des
Ich so allumfassend wie möglich geschildert ist: Es wird gesagt, Gott
wirke im Leben des Sprechers (V.1) und in seiner Welt (V.2), er bestimme Zeit und Art von etwas für das Ich Beginnendem (V.5) und die
Wege und Pläne des Ich (V.6 und 7), er nehme Einfluss auf seine
Gefühle (V.8) und auf seine Beschäftigung (V.9), er bestimme den
Gegenstand bzw. die Person seiner Zuneigung (V.11) und beeinflusse
sein Vertrauen (V.12) und die Quellen seiner Freuden (V.13).

Es stellt sich heraus, dass in diesem Sonett viel von Gottes Willen gesprochen wird, dass aber die Substanz der Aussage im Zusammenhang mit dem Ich steht, wogegen über Gottes Willen nur Formeln
gefallen sind, die Paraphrasen des in einen "Symbol-oder Gedenkspruch"
stilisierten programmatischen Titels darstellen. Es zeigt sich auch,
dass die Manifestationen von Gottes Willen nur angenommen sind. Das
Ich spekuliert von seinem Standpunkt und seiner Sicht aus über die
Aspekte seines Lebens, in denen Gott wirken könnte. Dass er wirkt,
und ob er seinerseits Einfluss nehmen will, sagt es nirgendwo. Dies

---

will ich vor alles lieben.

Sonett behandelt nicht das Wirken Gottes im Leben eines Menschen, sondern stellt die Bereitschaft des Ich dar, sich zu fügen und sein Leben
nach dem Willen des Höchsten zu führen und seinen Willen ihm zu
unterwerfen. Es ist dies kein Gebet, kein Bericht einer spirituellen
Erfahrung, kein Gotteslob, sondern eine Ich-Aussage, eine Selbstdarstellung in religiösen Begriffen, wie der Titel es nicht anders verspricht.

Da es sich hier um ein Programm handelt, nicht um die Schilderung
von Faktischem und Geschehenem, kommt es auch zu keiner Erklärung
eines Konflikts. Der Fall, dass das Ich sich <u>gegen</u> seinen eigenen Willen könnte beugen müssen, wird nicht erwogen; das Sonett enthält kein
Material für eine schwierige Situation, da nur eine Seite wirklich zur
Sprache kommt. Der eigene Wille ist leicht aufzugeben, denn der Wille
Gottes wird nur in der Übereinstimmung mit dem eigenen betrachtet und
hat gar keine eigene von der Sicht des Ich unabhängige Realität. In
solcher Sicht werden die Erklärungen der freudigen Willigkeit nur zu
glaubwürdig: "denn alles/ was GOtt will/ mir trefflich wol
gefällt"(V.3) und "will auch/ in was GOtt will/ mich williglich
ergeben"(V.4).

Der Widerspruch, der das Konstruktionsprinzip dieses Sonetts ist,
liegt also nicht in dem Zusammenstoss von Gottes Willen und dem des
Ich, sondern es handelt sich um einen subtileren Konflikt. Dieser
besteht darin, dass Motto und Aussage ostentativ sich mit den
Einzelheiten der Unterwerfung des Ich befassen, es aber dabei
tatsächlich kaum eine Abtrennung des Ich von seinen Wünschen gibt.
Die programmatische Unterwerfung des eigenen Willens führt zu dessen
Manifestierung: die Bekundung der Anpassung des Gewollten wird ihrer-
seits zum gewollten Inhalt; Darstellung einer Haltung führt zu einer
Handlung: "In wie/was/wann GOtt will/ will ich mich allzeit <u>üben</u>."

Dieser Schlussatz ist die Krönung der im Sonett demonstrierten aktiven Ergebung.[199] Wieder einmal liegt der Beweis vor, dass das vom Ich Erstrebte schon innerhalb des Sprachprozesses erreicht wird. Das Sonett ist so eine Übung in "W.G.W.", vom Ich ausgedacht, durchgeführt und auch für es lohnend: "auff dass man mein dabei/ wie lang GOtt will/gedenkt." Tun und dafür anerkannt werden, ist dem Ich wichtiger, als sicher und unangreifbar im Hintergrund stehen. Es sieht zwar die Notwendigkeit, den Eindruck von Anpassung, ja Passivität zu erwecken; es ist aber gleichzeitig entschlossen, diese Anpassung so sichtbar zu machen, dass sie in Leistung verwandelt wird. Denn Leistung und Handlung verdienen Anerkennung -mehr Anerkennung als eine lobenswerte Haltung. Williges Ergeben ist -in den Ausdrucksformen dieses Sonetts- denkwürdige Tat.

Auch das folgende Sonett 205 bietet als wesentliche Aussage einen Widerspruch, der schon im Titel umrissen wird: "Einfältig- doch Allvermögende Glaubenskrafft". Das erste Quartett ist ausschliesslich dem Thema Einfalt gewidmet und enthält eine nachdrückliche Erklärung des Mangels an Bildung, dessen sich das Ich bewusst zu sein gesteht. Zwar scheint es zunächst kaum nötig, dass jemand all diese umfassenden Wissensgebiete beherrschen sollte, und niemand könnte wegen solcher Lücken "einfältig" genannt werden. Aber diese Strophe, die der Bescheidenheitserklärung als einer Seite des Widerspruchs gewidmet ist, gewinnt besondere Bedeutung, wenn man sich vergegenwärtigt, dass hier -überspitzt- das Gegenteil des zeitgenössischen Dichterideals beschrieben wird. In dieser Sicht handelt es sich hier um einen extremen Fall von "affektierter Bescheidenheit".[200]

Der an den Dichter gestellte Anspruch im 17. Jahrhundert zielte

---

[199] Slocum: "Die Sprachphilosophie der Zeit spiegelt diese komplizierte Ausrichtung glaubender Passivität und schöpferischer Aktivität. Die sehr gebildete und sehr belesene Dichterin verdankt ihr sicherlich Anregung. Seit Luther...(erhält die) Beschäftigung mit Sprache neuen Aufschwung und neue Bedeutung". Op. cit., S.109.
[200] Ernst Robert Curtius, op. cit., S.93.

Chriſtliche Dienſt = Aufopf=
ferung.

HErr / mein Gedächtniß iſt vom Wachs zu
deinem lenken:
präg deines Willensbild / dein Wunderkrafft /
hinein:
Es ſoll / als wie ein Stahl / ganz unaustilglich
ſeyn.
Wollſt / Höchſter / mir dein Blut an Goldesſtatt /
einſenken.
Auch meinen Willen will ich willig dir / HErr /
ſchenken:
Nur deines Worts Befehl er folgen ſoll allein:
in ihm dein Gnadenbild und Wunder = Art er=
ſchein'!
er diene dir mit Luſt / wie ſie mit ſtätem denken!
ingleichen der Verſtand / ſoll ob der Sonnen
Hütten /
ja ob Saturnus Kreiß / mit ſeiner Schärffe gehn!
doch / werd' ich es vor gut zu deiner Ehr erſehn /
So leg ich ihn in Staub / wie weit er auch
geſchritten.
kurz / all mein dichten ſoll zu deiner Ehr geſchehn.
laß mich die Krafft hierzu / Allkrafft von dir erbit=
ten.

❧(o)☙

Eins

Einfältig=doch Allvermögende
Glaubenskrafft.

ICh kan nicht tieffe Sprüch' aus hoher Witz'
anziehn /
bin nicht in Platons und Pythagors Schul ge=
weſen /
kenn Nilens Bilder nicht / kan nicht Atheniſch
leſen /
hab nicht des Römers Zung noch Salomons
Kunſt-Sinn.
Mein ganzes Weſen ſteht bloß einig nur hierin /
daß / ſo viel möglich / ich mich hüte vor dem Böſen /
und mach die Seel im See der Eitelkeit geneſen /
durch Glauben / mit dem ich Allüberwindend bin.
Ich laß euch Cron und Thron / auch Macht und
Pracht beſitzen:
vereint euch mit der Erd' : Ich mit dem Himmel
mich /
mit dem ich alles kan. Sein Wunder herrlich ſich
in mir / aus meiner Schwärz die Demantſtrah=
len blitzen.
Ich rühm mich nichts ; Allein mein Schwachheit
mich erfreut /
weil ſie zur Werkſtat dient der Krafft der Gött=
lichkeit.

❧(o)☙

Vers

Einfältig= doch Allvermögende Glaubenskrafft.

ICh kan nicht tieffe Sprüch' aus hoher Witz' anziehn/
bin nicht in Platons und Pythagors Schul gewesen/
kenn Nilens Bilder nicht/ kan nicht Athenisch lesen/
hab nicht des Römers Zung noch Salomons Kunst=Sinn.

Mein ganzes Wesen steht bloss einig nun hierinn/
dass/ so viel möglich/ ich mich hüte vor dem Bösen/
und mach die Seel im See der Eitelkeit genesen/
durch Glauben/ mit dem ich Allüberwindend bin.

Ich lass euch Cron und Thron/ auch Macht und Pracht besitzen:
vereint euch mit der Erd'; Ich mit dem Himmel mich/
mit dem ich alles kan. Sein Wunder herrlicht sich

in mir/ aus meiner Schwärz die Demantstrahlen blitzen.
Ich rühm mich nichts; Allein mein Schwachheit mich erfreut/
weil sie zur Werkstatt dient der Krafft der Göttlichkeit.

auf eine Universalbildung;[201] darin dienten schon einzelne grosse Vertreter der römischen Poesie als Beispiel.[202] "Die Gelehrtheit ist der Saft/Kraft und Reichtum aller Schriften" schrieb Stieler seinen Zeitgenossen vor;[203] und Möller sagte ihnen, ein Dichter solle "in allen Theilen der welt-weissheit/ auch beides in lengst- und erst- jüngst verstrichenen weltgeschichten/ ja alles auff einmahl aussredend/ in vielen/ so wol Himmel; als Erdbeliebigen Wissenschaften erfahren und belesen sein."[204] "Das gelehrte Element ist von der Poesie nicht zu trennen, selbst bei Mystikern und Satirikern nicht, die so häufig von der communis opinio abzuweichen scheinen", urteilt Barner, und fährt fort: "Die wichtigste inhaltliche Bestimmung, mit der man im 17. Jahrhundert die Gelehrtheit des Poeten zu beschreiben pflegt, ist sein materiales Vielwissen, sein Polyhistorie bzw. Polymathie".[205] Auch Klaj äusserte sich zu diesem Thema: "Es muss ein Poet ein vielwissender/ in den Sprachen durchtriebener und allerdinge erfahrener Mann seyn."[206] Zumindest mit dem letzten Zitat war die Dichterin vermutlich vertraut.[207] Das erste Quartett scheint in direkter Entgegnung darauf entstanden zu sein; der persönliche Unwert, der am Standard eines Dichters gemessen wird, erscheint besonders betont, da es sich um das Gebiet handelt, auf dem ein Dichter zu wirken trachtet. Das Ich bezieht so die tiefste Stellung in der Skala künstlerischer Werte; "einfältiger" hätte es sich kaum darstellen können.

---

[201] Joachim Dyck, op. cit., S.123.

[202] Wilfred Barner, op. cit., S.235-36.

[203] Kaspar Stieler, op. cit., S.134.

[204] Alhardus Möller, Tyrocinium Poesoes Teutonicae (Braunschweig, 1656), S.4, S III.

[205] Wilfried Barner, op. cit., S.232/33.

[206] Johann Klaj, Lobrede der Deutschen Poeterey (Nürnberg, 1645), S.5.

[207] "Das Interesse des österreichischen Adels galt in der deutschen Dichtung vor allem den Nürnbergern"; Martin Bircher, op. cit., S.39 ff. Catharina hatte überdies zu ihnen direkte Beziehungen. Horst Frank,op. cit., S.29-30.

Folgerichtig bringt schon das zweite Quartett Aussagen, die sich von dieser Tiefe abheben, obwohl der Tenor des persönlichen Unwerts auf der Oberfläche beibehalten wird: "Mein ganzes Wesen steht bloss einig nur hierin..." (V.5). Das Gute, das das Ich über sich sagen kann, ist zunächst immer noch bescheiden formuliert; es besteht im Vermeiden vom Bösen, "so viel wie möglich" (ein Ausdruck, der doppeldeutig Bescheidenheit und Stolz mitschwingen lässt). Doch schon die nächste Zeile steigert dieses Positive: "und (ich) mach die Seel im See der Eitelkeit genesen". Dies ist keine kleine Leistung; sie muss deshalb sogleich wieder abgeschwächt werden: Nicht das Ich allein, sondern "durch Glauben/ mit dem ich Allüberwindend bin", kommt es zu diesem Genesen. In die Abschwächung ist gleich noch eine positive Ich-Aussage eingebaut worden, und diese fällt völlig aus den Beteuerungen des Unwerts und der Bescheidenheit heraus: "Allüberwindend", -wenn auch nicht wegen persönlicher Eigenschaften, sondern wegen der richtigen Haltung :"durch Glauben"-, ist ein starkes Wort, das, wenn es schon nicht den Wert des Ich berührt, doch seine Leistung in der Wirkung herausstellt. Innerhalb von zwei Zeilen ist die Strecke von den Bekundungen völliger Passivität ("dass...ich mich hüte...") bis zur Deklarierung höchster, umfassender Leistung zurückgelegt worden ("Allüberwindend").

Das erste Terzett führt V.7 aus; "Eitelkeit" wird hier näher beschrieben (und damit eingeengt, da aus den unendlichen Möglichkeiten ganz besondere herausgegriffen sind): "Cron und Thron/ auch Macht und Pracht" will das Ich nicht besitzen, die es "mit der Erd" "vereinen" würden. Der Ton ist hier nicht mehr der von Bescheidenheit und Zurückhaltung, sondern dies Abrücken von irdischen Werten geschieht mit grosser Geste: "Ich lass euch..besitzen: vereint euch...", und mit Betonungseffekten, die das Ich und seine tugendhafte Wahl hervorheben: " Ich... lass...; Ich mit dem Himmel mich/ mit dem ich alles kann...Sein Wunder herrlicht sich in mir/ aus meiner Schwärz...Ich rühm mich nichts. Allein mein Schwachheit mich erfreut". Im Zug der

Selbstdarstellung ist die Abgrenzung zwischen den beiden Terzetten weggeschwemmt worden; eins der seltenen Enjambements in dieser Dichtung[208] entsteht dadurch, dass die Beschreibung des Lohnes für die Vereinigung des Ich mit dem Himmel so völlig das Bild beherrscht, dass Vers- wie Strophengrenze übersprungen werden müssen, um Raum genug zu schaffen.

Das Ich erscheint nun in strahlendem Licht: Es "kann alles"; ein himmlisches (hier als Kontrast zu irdischem gemeintes) "Wunder herrlicht sich" in ihm, aus ihm -das im Anschluss an die Unwertsprotestationen des ersten Quartetts und im Kontrast zum sonstigen Versgehalt hier mit "Schwärz" bezeichnet wird- "blitzen Demantstrahlen". Ein seltsamer Wechsel zwischen aktiver und passiver Rolle des Ich bei diesen Vorgängen zeichnet sich in den Sprachformen ab: Einerseits "kann" das Ich "alles" "mit dem Himmel", d.h. es leistet -im Zusammenspiel mit anderen Kräften- selbst; andererseits "herrlicht sich" das Himmelswunder "im mir" und blitzen die Strahlen "aus meiner Schwärz", d.h. ist das Ich nur Werkzeug, Instrument ohne direkte aktive Beteiligung am Geschehen. In jedem Fall aber ist seine Rolle bewunderungswürdig; und diese Selbstaussagen wiegen die gegenteiligen des ersten Quartetts völlig auf.

Dadurch ist der Eindruck, den ein Empfänger gewinnt, möglicherweise nicht mehr der, dass dieses Ich sich "einfältig" sieht und so darstellt, sondern vielmehr der, dass es Bewunderung erwecken will. Deshalb ist es nötig, dass nochmals versichert wird, das Ich habe selbst nicht die Absicht, sich herauszustellen: "Ich rühm mich nichts". Dem lässt sich nicht wirklich widersprechen, denn als mehr als Werkzeug, als Medium für das "Wunder" des Höchsten hat es sich nicht bezeichnet; das Wunder, nicht das Werkzeug, verdient Bewunderung, selbst wenn das Werkzeug Hohes leistet ("mit dem ich alles

---

[208] John H. Sullivan, op. cit., S.129.

<u>kann</u>"; "Allüberwindend").

Aber das Werkzeug hat sich an zentrale Stelle gesetzt bei diesem Gottes-Wirken: ohne Werkzeug kein Wunder. Dies ist jedoch verständlich, argumentiert das Ich. Es besteht Grund zur Freude, wenn man solch eine Rolle spielen darf. Die Eigenschaften, die es zu so einem geeigneten Instrument für die "Kraft der Göttlichkeit" machen, werden dadurch zu kostbarem Besitz: "Allein mein Schachheit mich erfreut/ weil sie zur Werkstatt dient der Krafft der Göttlichkeit"; aber sie sind nach wie vor kein Anlass zu Stolz.

Das ganze Sonett hindurch hat sich das Ich in zwiespältiger Art beschrieben. Zunächst überbetonte es seine "Einfalt", was später von dem negativen Eindruck in einen positiven verwandelt wird, wenn diese Eigenschaft -dann "Schwachheit" genannt- gerade der Grund zu Freude und impliziertem Selbstgefühl wird. Dann behauptet es, die einzige Leistung ("bloss", "einig", "nur" - eine dreifache Betonung im selben Satz-), die jemand seiner Art ("Mein ganzes Wesen") vollbringen könne, bestehe darin, dass es nicht das Falsche tue ("dass ich mich hüte vor dem Bösen"). Aber schon im selben Satz leistet es ganz direkt: "und mach genesen", was sich weiter steigert in "Allüberwindend" -eine dynamische Verbform, die das gerade Ablaufende der Handlung durch die Partizip-Präsens-Konstuktion hervorhebt;[209] und alle Beteuerungen, solche bewundernswürdige Tätigkeit komme nur "durch Glauben" zustande, wischt nicht den Eindruck eigener Leistung weg, der erweckt worden ist.

Als nächstes weist das Ich dann Hoheit, Macht und Ruhm weit von sich, betont aber im selben Atem, es besitze alle Macht ("...ich alles kann") und Herrlichkeit ("Sein Wunder herrlicht sich in mir"). Der betonte Unterschied, dass das Abgelehnte von dieser Welt, das stolz

---

[209] S. "fruchtbringend" in Sonett 243.

Besessene aber vom "Himmel" sei, ist zwar ein entscheidender. Aber es bleibt durchsichtig, dass "Macht" und "Pracht" und "Herrlichkeit" wesentliche, erstrebte Werte für das Ich darstellen. Und schliesslich erklärt das Ich in demselben Vers: "Ich rühm mich nichts", in dem es seine "Schwachheit" ins Zentrum rückt: "Allein mein Schwachheit mich erfreut". Wenn "Schwachheit" gleichbedeutend mit "Nichts" ist -und dieser Eindruck ist im ersten Quartett ausdrücklich erweckt worden- , dann hat das Ich hier keinen Widerspruch ausgedrückt. Aber glaubhaft ist es kaum, dass diese "Schwachheit", diese "Einfalt" in seinen eigenen Augen "nichts" sei. Sie ist ausdrücklich Grund zur "Freude"; alles, das Gott "dient" und "Wunder" ermöglicht, ist kaum "nichts". Selbst wenn das Ich keine für sich lobenswerten Qualitäten besitzt, ist doch seine Wirkung "herrlich", wodurch es selbst eindeutig über den Zustand des "nichts"-Seins hinausgehoben wird. Der Sonettitel fasst diesen Gedanken so: "Einfältig- doch Allvermögende Glaubenskraft".

In diesem Sonett bringt es die Dichterin fertig, dass sich ein Ich gerade dadurch "rühmt", dass es sich nicht zu rühmen bekundet und in die Einzelheiten seiner Unrühmlichkeit vertieft, wobei sich diese in Zusammenhang mit Bewundernswertem zeigen, und zwar in wesentlichem Zusammenhang. Es ist Instrument, "Werkstatt". Dass dieses Sonett nicht ausschliesslich einer Haltung von Demut und Bescheidenheit entspringt, ist dem Sprecher bewusst; daher die nachdrücklichen Protestationen, die einen gewünschten Eindruck herstellen sollen: "Ich kann nicht..bin nicht.. kann nicht..hab nicht.."(1.Quartett); "Mein ganzes Wesen steht bloss einig nur " (V.5); "Ich rühm mich nichts: Allein mein Schwachheit..." (V.13). Aber gleichzeitig ist das Bedürfnis, in strahlendem Licht zu erscheinen -"die Demantstahlen blitzen" (V.12)- gleich stark, wodurch es zu Erklärungen von "Allüberwindung"(V.8), "alles können" (V.11) und der "Herrlichkeit"(V.11) kommt, die den Eindruck von Bescheidenheit wieder gefährden.

Von der hohen Erschaffungs Gnade.

HErr / deine Heiligkeit / sich selber zu besehen
hatt' eine GOttes=Lust. die Allheit fund' in ihr
ein reichs Ergötzungs=Feld / betrachtend ihre Zier.
Sie konte/Süßheit satt/ auf Wollust=Weiden gehen.
Verstand / hatt tiefen Sinn'/ sich selber zu verstehen.
Ihr' Allvergnügung fand' in dir auch / die Begier,
der Wille hatt geschöpfft sein wollen nur aus dir.
daß du uns schufft / geschah allein uns zuerhöhen.
Ach Abgrund=guter GOtt ! Ach wesentliche Gnad/
unausgesprochne Lieb / wie soll ich dich nur loben/
dich Gut im äuserften ja nie erreichten Grab?
Wir und das ganze Seyn/ seyn deine Wunder=Proben.
wann deine Gnad nicht wär/ wir wären alle nicht.
gib / daß / als Strahlen/ wir gehn lobend' in ihr Liecht !

❉❉❉❉❉❉
❉❉❉❉
❉

Gottes

GOttes Wunder Würkung in der Schwach=und Nichtigkeit.

GOtt/der die ganze Welt aus nichts zu nutz erbauet/
erwehlt zum Wunder=Zweck ein selbst bekenntes Nichts.
in Dunckelheit erscheint die Klarheit eines Liechts/
nachdem die Allmacht hier ihr was zu würken trauet.
Ihr eigen/dieses Werk / man geist=entzuckt anschauet/
die sich in Schwachheit übt / macht in der Ohnmacht Ichts/
springt ihr auf Heldisch bey / mit Hülf des Angesichts/
und allvermögens Safft auf ihre Dürre thauet.
Mein GOtt/wer sich dir lässt / dem lässt du deine Krafft.
Der Erde Feuchtigkeit / wenn sie die Stern' auftrinken/
wurd' hier auf ihr ein Koht/dort Glükk und Lebens=Safft/
pflegt in die Edlen theil der Edlesten zu sinken.
Gar gern will ich gestehn / daß ich nur Staub und Erd:
auf daß dein' Herrlichkeit in mir erfunden werd,

A vj   Uber

GOttes Wunder Würkung in der Schwach= und Nichtigkeit.

GOtt/ der die ganze Welt aus nichts zu nutz erbauet/
erwehlt zum Wunder=Zweck ein selbst bekenntes Nichts.
in Dunckelheit erscheint die Klarheit eines Liechts/
nachdem die Allmacht hier ihr was zu würken trauet.

Ihr eigen/ dieses Werk/ man geist=entzuckt anschauet/
die sich in Schwachheit übt/ macht in der Ohnmacht Ichts/
springt ihr auf Heldisch bey mit Hülf des Angesichts/
und allvermögens Safft auf ihre Dürre thauet.

Mein GOtt/ wer sich dir lässt/ dem lässt du deine Krafft.
Der Erde Feuchtigkeit/ wenn sie die Stern' auftrinken/
wurd' hier auf ihr ein Koht/ dort Glükk und Lebens=Safft/

pflegt in die Edlen theil der Edlesten zu sinken.
Gar gern will ich gestehn/ dass ich nur Staub und Erd:
auf dass dein' Herrlichkeit in mir erfunden werd.

157

Es wird deutlich, dass beide Eindrücke vom Sprecher erstrebt sind, der den einen nicht ohne den anderen und den anderen nicht ohne den einen erwecken dürfte, ohne sich entweder verkannt -d.h. nicht anerkannt- zu sehen, oder sich der Kritik des Eigenlobes ungeschützt auszusetzen.

All die in diesem Zusammenhang besprochenen Sonette behandeln dieselbe Art von Konflikt: zwei widersprechende Positionen werden deutlich sichtbar bezogen. Die eine drängt sich dem Blick auf; die andere schimmert durch. Beide sind wesentliche Elemente der Aussage. Es muss dabei betont werden, dass hier nirgendwo ein lyrisches Ich für sich selbst im Ablauf des Sprechens seine Haltung klärt und etwa am Ende des Sonetts an anderer Stelle steht als am Anfang. Diese Aussagen richten sich nicht nach innen, sondern nach aussen;[210] sie manipulieren den Empfänger sorgfältig und kunstreich; sie beeinflussen ihn, zu bestimmten erwünschten Schlüssen zu kommen. Diese Dichtung ist auf Wirkung abgestellt, aber nicht auf eine erzieherische oder glaubensfordernde, sondern auf eine, die sich ausschliesslich auf das lyrische Ich bezieht, das "richtig" gesehen werden will.[211]

An Sonett 11 sei nochmals gezeigt, welche Differenzen sich zwischen Gesagtem und Demonstriertem nachweisen lassen und wie aus dieser Spannung die lyrische Aussage entsteht. Dieses Sonett hält eine direkte Stellungnahme des Ich bis zu den beiden letzten Versen zurück und formuliert, diesem Zug zur allgemeinen Darstellung folgend, eine Reihe Aussagen als Lehrsprüche, die das ausdrücken, was am Ende in Zusammenhang mit dem Ich gesetzt werden wird. Der erste dieser

---

[210] Ich stehe hier im Widerspruch zu Wiedemann, der schreibt: "Erstaunlicherweise finden sich in (Catharinas) Sonetten keine Leserapostrophen, keine rhetorische Gestik. Ihr Dichten will nicht Kommunikation sondern Selbstverständnis sein"(op. cit., S.102). Meiner Meinung nach wird das Selbstverständnis nachdrücklich übermittelt.

[211] "Bei richtig und falsch handelt es sich um die Ortung in der Gesellschaft", schreibt Burger über diese Epoche. Heinz Otto Burger,

158

Sprüche leitet das Sonett ein: "GOtt/ der die Welt aus nichts zu nutz erbauet/ erwehlt zum Wunder-Zweck ein selbst bekenntes Nichts." V.1 erinnert stark an Genesis I,[212] aber der zweite, der zwar im Zusammenhang der vorliegenden Untersuchung durchsichtig ist, bleibt dadurch, dass das Sonett erst das elfte in der Sammlung ist, unklar für den Leser; welches "selbst bekennte Nichts" wird hier "erwehlt"? Im gleichen Ton der Verkündigung allgemeingültiger Wahrheiten fährt das Sonett fort: "In Dunckelheit erscheint die Klarheit eines Liechts/ nachdem die Allmacht hier ihr was zu würken trauet". Es scheint, dass Gott, so sicher er die Welt geschaffen hat, ohne dass er Material dafür vorfand, auch aus einem "Nichts" oder einer "Dunkelheit" etwas Weiteres schaffen kann.

Das zweite Quartett setzt die Aussagen über Gott bzw. die Allmacht fort. Der anfangs nur allgemein umrissene "Wunder-Zweck" ist nun etwas genauer bestimmt: "dieses Werk", und die positive Wertung, die auch im ersten Quartett schon in die Charakterisierung des von Gott Bewirkten einging, kommt hier zu einem Höhepunkt, der innerhalb der Sonnette seinesgleichen sucht: "dieses Werk/ man geist=entzuckt anschauet".

In Bezug auf das Ich setzt sich die Reihe von "Nichts" und "Dunkelheit" in "Schwachheit" und "Ohnmacht" fort, und das Quartett endet mit "Dürre". Gottes Allmacht wirkt auf diese Minderwertigkeit oder Substanzlosigkeit ein, so dass etwas entsteht, ein "Ichts".[213] Für den Rest des Sonetts kommt das Entstehende nicht wieder zur Sprache; erst die Schlusszeile greift es auf und setzt es in Verbindung mit dem Ich; "dein Herrlichkeit in mir", heisst es hier. Im Sextett spricht das Ich Gott direkt an.

Dasein heisst eine Rolle spielen (München, 1963), S.91.
[212] John H. Sullivan, op. cit., S.228.
[213] Sullivan schreibt diesen Ausdruck Böhme zu. ibid..

Die Aussagen zwischen Vers 5 und Vers 14 befassen sich mit dem Einwirken der Allmacht auf die "Schwach- und Nichtigkeit". Wie schon ausführlich besprochen, wird in den Sonnetten das Inspirationserleben oft in erotischer Sprache wiedergegeben; so auch hier: "springt ihr bei"; "...Safft auf ihre Dürre thauet"; "wer sich dir lässt/ dem lässt du deine Kraft"; "Der Erde Feuchtigkeit...wurd' hier...ein Koht/ dort...Lebenssafft"; "pflegt in die Edlen theil der Edelsten zu sinken."[214] Es sei hier ohne weiteren ausführlichen Beweis, der an anderer Stelle gebracht wurde, das Resultat der Befruchtung, das "Ichts", das "Werk", das "geist=entzuckt" angeschaut wird, mit dem Sprechen eines Dichters gleichgesetzt. Ganz wie in Sonett 205 bekennt das Ich in diesem Sonett, es sei ein "Nichts", es sei schwach, dunkel (d.h. verworren oder unerleuchtet), ohnmächtig (d.h. unfähig), einer Dürre vergleichbar (d.h. unfruchtbar, unproduktiv), Staub. Anders als in Sonett 205 macht es aber diese Aussagen weit indirekter und lässt erst am Ende durchblicken, dass es über sich selbst spricht. Dem entsprechend erscheint es auch nirgendwo selbst handelnd; die einzigen "Taten" sind das Bekenntnis der eigenen Nichtigkeit ("ein selbst bekanntes Nichts",V.2), das Sich-Gott-Überlassen ("wer sich dir lässt",V.9) und das wiederholte Geständnis -dieses Mal offen und direkt-: "Gar gern will ich gestehn/ dass ich nur Staub und Erd" (V.13).

Sonett 205 zeigte ein Ich, das sich selbst mit "dem Himmel"

---

[214] Wiedemann weist in Catharinas Dichtung in diesem Zusammenhang Einflüsse zweier Traditionen nach: "eine platonisch-christliche Inspirationslehre und eine Gebetsdiätetik monastischen Ursprungs -Traditionen, die allerdings schon seit eh und je in einem gewissen Wechselverhältnis stehen" (op. cit., S.99). "Fast scheint es sicher, als habe Catharina die berühmten Erleuchtungsschilderungen der Terese von Avila gelesen (diese Erleuchtungsschilderungen tragen ebenfalls deutlich erotische Züge). Allerdings nimmt ihr Erleben eine andere Wendung als das der Spanierin, da es seinen Mittelpunkt nicht in der Schau Gottes besitzt, sondern in einem Erleuchtungszustand, der sich als Sprachpotenz äussert." (ibid., S.100). Dieser Schluss deckt sich mit dem dieser Arbeit.

vereinte und dadurch zu "allem" fähig wurde, obgleich es Werkzeug blieb. Hier vereinigt sich die "Allmacht" mit dem Ich. Dieser Gedanke erlaubt dem Ich eine grössere Passivität (was Sicherheit vor Kritik bedeutet); er ermöglicht aber auch das Bild des Auserwählten, der sich von allen anderen abhebt: "Der Erde Feuchtigkeit... wurd' hier auf ihr ein Koht/ dort Glükk und Lebenssafft" (V.10/11); "die Edlen" (V.12). Das Ich kann auf diese Weise Träger des "Herrlichen" werden, d.h. in engerer Verbindung mit ihm stehen: "auf dass dein' Herrlichkeit in mir erfunden werd" (V.14). Diese Unterschiede liegen aber nur in der sprachlichen Gestaltung der Rolle des Ich und seinem Verhältnis zum Erstrebten. Gedanklich geht es in diesem Sonett um dasselbe: Realisierung des Gewünschten im Sprachprozess.

Der Ausspruch am Ende fasst noch einmal zusammen, was der Sonett-Titel schon versprach:
    "Gar gern will ich gestehn/ dass ich nur Staub und Erd:
        auf dass dein' Herrlichkeit in mir erfunden werd",
wobei das "auf dass" einen Sinn bekommt, der die Verse kausal verbindet: In dem Geständnis der eigenen Nichtigkeit liegt der Grund der "Herrlichkeit"; es wird wegen dieses Resultats geäussert und "gar gern" geäussert. Dies ist ein stolzer Satz. Der Gedanke, dass ohne dieses "selbst bekannte Nichts" es nicht die "Herrlichkeit" gäbe, wird impliziert vermittelt: "dein Herrlichkeit" könnte leicht auch "mein Herrlichkeit" genannt werden (verböten nicht die besprochenen Gründe solche Unbescheidenheit). Schliesslich ist das in das Ich Gesenkte ein Teil des Ich selbst geworden, und das "Werk", das aus Gottes Kraft "in mir" entsteht, ist Kind beider Eltern. Es ist ehrenvoll, zu solchem Schaffen erwählt zu werden, und es bleibt letztlich unwichtig, welche Qualitäten das Ich davor besass oder nicht besass; nach der Befruchtung hat das Befruchtete soviel Teil am Resultat wie das Zeugende. Ist Erniedrigung und Passivität Voraussetzung für eine Mitwirkung, so wird dies gern geleistet. Denn der Lohn verändert alles:

161

"...Meine blödheit irrt mich nicht:
sie ist ursach/ dass der höchste durch mich etwas gross verricht."
(Sonett 65);

"woher Gott will/ mag mir herkommen Freud' und wonn'"
(Sonett 49);

"Allein mein Schwachheit mich erfreut/
weil sie zur Werkstatt dient der Krafft der Göttlichkeit."
(Sonett 205);

Das Bekenntnis der "Schwach= und Nichtigkeit" entspricht dem
Reifeprozess des Gezeugten; denn nur über die Sprache wird das Werk
realisiert. Daher enthält jedes dieser Sonette ganze Reihen solcher
Bekenntnisse, und das letztbesprochene Sonett 11 sagt dies noch
deutlicher als die vorigen: "ein selbst bekenntes Nichts (ein nicht
bekennendes Nichts wäre ein sinnloser Empfänger für sprachliche
Inspirationen), "Gar gern will ich gestehn ". In diesen Geständnissen
entfaltet sich das Werk.

In diesem Kapitel sind Sonette unter dem Gesichtspunkt betrachtet
worden, dass die lyrische Aussage durch einen gehaltlichen Widerspruch
zustandekommt, der nicht aufzulösen ist. Das Folgende führt kurz
weitere Beispiele für solche Gegensätze an.

Dass Passivität und Unterwerfung dazu dienen, dass "süss- und
schöne Frücht' im Allmachts Herbste reiffen", zeigt Sonett 15. Es
mischen sich in diesem Sonett die bekannten Themen von Unangenehmem
als Voraussetzung und Vorstufe für die "Früchte" und von Passivität
als proklamierter Haltung in Kontrast mit "Herrschen" als dem wirklich
Erstrebten: "GOtt stutzt die Flügel erst/ eh Er uns läst auffliegen.
Leib=eigen muss man seyn/ so herrscht man wie gemeldt." Die Spannung
zwischen Passiv- und Aktivkonstruktionen durchzieht die Sprache des

Auf die seltene Schick = Verstrick= und Erquickung Gottes.

WEißeste Schickung / wer kan dich ergründen?
Heilig hoch / Weißheit tieff/ Wunder versenkt!
Göttliche Heimlichkeit seltsamest lenkt/
machet offt Hafen und Sternen verschwinden.

Offtermals muß auch Erlösungs schnur bin-
den/
daß man sich gänzlich verstricket gedenkt:
Freyheit doch wunderlichst wider uns schenkt/
lässet den Faden in Fäßeln offt finden.

Adler gehören/daß Göttlicher Macht
sondere Wunder man herrlichst betracht.
Glaubens-Gedanken in etwas hinreichen/
weil sie der GOttes-lieb Klarheit zustreichen.
Völlige Zuversicht/Reiches versehn/
sollen als Strahlen/in dieses Liecht gehn.

Auf die erniedrigende Erhebung und erhebte Nidrigkeit.

ES führt ein Wunder thun der Herrscher aller Welt:
wen Er erheben will/der muß die Knie vor biegen.
der muß onmächtig seyn / der neue Krafft soll kriegen.
wer ganz nichts von sich selbst/ von dem er etwas/
hält.
Die Glut / würkt nach dem Ding / das ihr ist
vorgestellt/
nach dessen Art sich pflegt der Brunst gestalt zufügen.
GOtt stutzt die Flügel erst / eh Er uns läst auffliegen.
Leib-eigen muß man seyn / so herrscht man wie gemeldt.
O unersinnter Sinn ! wer kan dich doch begreiffen?
du bist ja der Vernunfft ein unerzieltes Ziel/
die man in diesem Meer der Weißheit muß ersäufen.
Die Ursach-ursach ist/ dein hoher Lebens Will/
daß süß-und schöne Frücht' im Allmachts Herbste
reiffen.
wer GOtt gelaßen ist / mit dem hat Er sein
Spiel.

Auf   Auf

Auf die erniedrigende Erhebung und erhebte Nidrigkeit.

ES führt ein Wunder thun der Herrscher aller Welt:
wen Er erheben will/ der muss die Knie vor biegen.
der muss onmächtig seyn/ der neue Krafft soll kriegen.
wer ganz nichts von sich selbst/ von dem er etwas/ hält.

Die Glut/ würkt nach dem Ding/ das ihr ist vorgestellt/
nach dessen Art sich pflegt der Brunst gestalt zufügen.
GOtt stutzt die Flügel erst/ eh Er uns läst auffliegen.
Leib=eigen muss man seyn/ so herrscht man wie gemeldt.

O unersinnter Sinn! wer kan dich doch begreiffen?
du bist ja der Vernunft ein unerzieltes Ziel/
die man in diesem Meer der Weissheit muss ersäufen.

Die Ursach=ursach ist/ dein hoher Lebens Will/
dass süss= und schöne Frücht' im Allmachts Herbste reiffen.
wer GOtt gelassen ist/ mit dem hat Er sein Spiel.

gesamten Sonetts. Jede Passivkonstruktion wird in der anderen Alexandrinerhälfte ihrem Gegenteil zugeordnet, und eine kausale Verbindung gibt den Grund für das Unterwerfen von Willen und Freiheit: "wen Er erheben will/ der muss die Knie vor biegen. der muss onmächtig seyn/ der neue Krafft soll kriegen. wer ganz nichts von sich selbst/ von dem er etwas hält..." Die Unterwerfung, das Sich-Gott-Lassen (Erotisches im Zusammenhang mit Inspiration spielt auch in dieses Sonett hinein) ist weniger freiwillig als vielmehr rationalisierend zu verstehen: Es scheint der Haltung zu entspringen, dass unter den gegebenen Umständen (in denen die Flügel vielleicht bereits gestutzt sind) dies die einzig mögliche Strategie ist, es zu "Früchten" zu bringen.

Auch Sonett 86 empfiehlt aus praktischen Gründen ein "Einziehen der Kraft": "Besser ists verborgen seyn/ als vor jederman gedränget": Solches "Umducken" (V.1), "Verbergen"(V.3), "Zusehn"(V.6), "Biegen" (V.9), "Fügen" (V.11) geschieht mit einem Ziel im Auge und führt zu letztlichem Sieg: "wider Meer und Wetter toben/ sie doch/ GOtt zuzielend/ siegt"(sie= die Tugend, d.h. die rechte Haltung).

Obgleich am betonten Schluss der "Sieg" nicht näher bezeichnet ist, wurde doch an anderer Stelle ein Wort eingeführt, das die Motivation des Ich erhellt: "...kommet Tugend= Ehrungs ziel" (V.4). Dies Sonett behandelt in seltener Offenheit den Gedanken, dass Passivität nicht die dem Ich natürliche Haltung ist, dass es sie aber trotzdem für nützlich hält und deshalb einzunehmen bereit ist. Bei solchen direkten Aussagen ist es nicht verwunderlich, dass kein Wort von Rechtfertigung hier fällt: Es gibt hier keine öffentliche Pose. Die allgemeinen Exempel dienen weniger dazu, ein Publikum von dem Allgemeingültigen des Gesagten zu überzeugen; das Ich scheint sich selbst überzeugen zu wollen.

Sonett 70 zeigt eine neue Spannung. Diesmal erklärt das Ich,

Auf die Tugend-bedrängnus-Zeit.

SChöne Tugend/ dich umducke / ziehe deine
Krafft in Kiel:
weil der rauhe Unglücks wind / deine Blüh und
Blätter senget.
Besser ists verborgen seyn/ als vor jederman gedränget.
Hoffnung/ wird schon widertreiben/ kommet Tu-
gend-Ehrungs ziel.
Dein Erz-Ursprung/ Gottes Weißheit/ hat
dieweil mit dir ihr Spiel:
deinen Krieg und Sieg zusehn/dieses Stürmen sie
verhänget.
Gleich wie sich das Edle Oel niemal/mit dem Wasser mänget:
deine Krafft empor so schwebet/ welche nie gen boden fiel.
Tugend ist ein Spanisch Rohr/ bricht nicht/
wann man sie schon bieget.
Ja der rechte Eysen-Stein/ der/auf alle weiß ver-
kehrt/
seines Herzens wunsche-spitz/ nach des Höchsten
Willen füget.
Allen stürmen ist unmüglich/ das ihr werd diß
Ziel verwehrt.
Wann auch Schiff und Uhr zerbrochen/ sie am
Grund im Letten ligt:
wider Meer und Wetter toben/sie doch/ GOtt zu-
zielend/siegt.
Als

**Als ich mich / wider meinen willen/ zu
Ruhe begeben und das schreiben
lassen muste.**

ES müssen alle ding / HERR / durch dein
weißes lenken/
denselben/die du liebst/ so wunder gut ausgehn.
Wann/da der Osten Ziel/ sie gegen Westen stehn/
kan doch zum ersten End/ dein Helffers Hand sie
senken.
Mein Lustlauff wird gekürzt / man will mein
Pferd anhenken/
wann es am bästen Rand/du lässest es geschehn:
weil Lebens Längerung/vor kurtzweil/du gesehn.
Man muß mir Zeit für Zeit / auch ohn gedenken/
schenken/
wann die geraubte Zeit/die Lebenstäg verlängt/
mein Edles Engelwerf/so ist dir nichts benommen:
du wirst / für diese Stund / die Jahr und Täg be-
kommen/
die mir noch künfftig sind/ leicht nicht so schmerz
gemängt.
Ein widers Wesen ists/still stehn im besten flug:
doch ist des Höchsten will / mir Ziel und Zaum genug.

❀S(✶)S❀

Auf

Auf die Tugend=bedrängnus=Zeit.

SChöne Tugend/ dich umducke/ ziehe deine Krafft in Kiel:
weil der rauhe Unglücks wind/ seine Blüh und Blätter senget.
Besser ists verborgen seyn/ als vor jederman gedränget.
Hoffnung/ wird schon widertreiben/ kommet Tugend=Ehrungs ziel.

Dein Erz=Ursprung/ Gottes Weissheit/ hat dieweil mit dir ihr Spiel:
deinen Krieg und Sieg zusehn/ dieses Stürmen sie verhänget.
Gleich wie sich das Edle Oel niemal/ mit dem Wasser mänget:
deine Krafft empor so schwebet/ welche nie gen boden fiel.

Tugend ist ein Spanisch Rohr/ bricht nicht/ wann man sie schon bieget.
Ja der rechte Eysen=stein/ der/ auf alle weiss verkehrt/
seines Herzens wunsche=spitz/ nach des Höchsten Willen füget.

Allen stürmen ist unmüglich/ dass ihr werd diss Ziel verwehrt.
Wann auch Schiff und Uhr zerbrochen/ sie am Grund im Letten ligt:
wider Meer und Wetter toben/ sie doch/ GOtt zuzielend/ siegt.

165

Uber mein unabläſſliches verlangen und hoffen.

ACh unnachläſſlichkeit/ Geſellſchafft meines
Herzen!
auf jrdiſch haſt verknüpft/den ſonſt ſo freyen Geiſt.
viel eh er aus dem Leib/als deinen banden/reiſt;
leidt unerleidbarkeit/verſchmerzet alle ſchmerz=u.
Ja / die Welt=änderung iſt Ihm ein bloßes
ſcherzen:
Wann Atlas / der ſein Ziel/ der Donner ſchon zer-
ſchmeiſt/
das ſchickſel neue Berg' auf ebner Rennbahn weiſt:
noch brinnet ewig hell die hohe Hoffnung-Kerzen.
Du Erden-Ewigkeit/du ſtarke Engel Tugend/
Ach allbeſiegende unüberwindlichkeit!
du weiſeſt deine Krafft in meiner zarten Jugend.
Mir wird dadurch mein wunſch / dir Ehr durch
mich/bereit.
Fahr/Edle Freundin/fort! wann Höll und Welt
zerſpringen:
ſo ſoll uns unſer ſach/ob GOtt will/doch gelingen.

In vielfältiger Widerwertigkeit.

MEin tauſendfache Noht/ dein tauſend tauſend Heil/
O über-guter Gott/ demütiglich anflehet.
Mein Elends-tieffe bey dem gnaden-Sandberg
ſtehet:
würd nur ein Körnlein groß von dieſem mir zu
theil!
doch iſt die Allheit hie um nichts(O wunder)feil:
der Glaub' all ihre Krafft/ja ſelbſten ſie/empfähet.
Die Seeligkeit der Geiſt in dieſen Segel wehet/
der in den Hafen bringt das Schiff mit Pfeiles-eil.
Ich bin bereit im Port/ und mein Port iſt in
mir/
auch mitten in dem Meer: was darf die Flut mich
ſcherzen?
Ich hab' an JEſu Chriſt das Land und Strand
im Herzen.
Den Schiffbruch fürcht ich nicht / geſchäh' er
auch nun ſchier.
in meines JEſus Schoß / in GOtt des Vatters
Hände/
und in des Geiſtes freud' / ich mit dem Geiſt au-
lände.

Über mein unablässliches verlangen und hoffen.

ACh unnachlässlichkeit/ Gesellschafft meines Herzen!
auf jrdisch hast verknüpft/ den sonst so freyen Geist.
viel eh er aus dem Leib/ als deinen banden/ reist;
leidt unerleidbarkeit/ verschmerzet alle schmerzen.

Ja/ die Welt=änderung ist Ihm ein blosses scherzen:
Wann Atlas/ der sein Ziel/ der Donner schon zerschmeist/
das schicksel neue Berg' auf ebner Rennbahn weist:
noch brinnet ewig hell die hohe Hoffnung=Kerzen.

Du Erden=Ewigkeit/ du starke Engel Tugend/
Ach allbesiegende unüberwindlichkeit!
du weisest deine Krafft in meiner zarten Jugend.

Mir wird dadurch mein wunsch/ dir Ehr durch mich/ bereit.
Fahr/ Edle Freundin/ fort! wann Höll und Welt zerspringen:
so soll uns unser sach/ ob GOtt will/ doch gelingen.

daran zu leiden, dass es so "unablässiges Verlangen", "Unnachlässigkeit", besitze, denn diese Haltung habe "auf irdisch ...verknüpft den sonst so freyen Geist" (V.2). Aber es wird völlig klar, dass dieses Leiden weit aufgewogen wird durch die Resultate: Der Geist des Ich "leidt unerleidbarkeit/ verschmerzet alle schmerzen" (V.4); "noch brinnet ewig hell die hohe Hoffnungs=kerzen" (V.8). Der Gedanke, das eigene Wollen sei nicht wirklich erwünscht, wurde nur angedeutet und löst sich endgültig auf, wenn das Ich sagt: "Mir wird dadurch mein wunsch/ dir (= du Engel Tugend) Ehr' durch mich bereit."(V.12). Der Konflikt ist also nur künstlich geschaffen worden; er musste auf der Sprachoberfläche erscheinen, damit er in eine Beurteilung des Empfängers mit eingehen kann. Das Ich hat sich ins rechte Licht gesetzt, lässt aber klar durchblicken, dass wirklich nur die eine Seite des Arguments für es selbst Gültigkeit besitzt: "Fahr/ edle Freundin/ fort!" (V.13).

VI

Zusammenfassung

Die lyrischen Sonette der Catharina von Greiffenberg vermitteln ein Verständnis für den Schaffensprozess sowohl wie Einblicke in das Selbstverständnis der Künstlerin. Die realen Gegebenheiten ihres Lebens -Umwelt ("Stand", "man") und Umstände ("Creutz")- werden in ihrem Bezug zu dem Werk gesehen bzw. in einem solchen Bezug dargestellt. Freuden wie Erfüllungen, Enttäuschungen wie Aufbegehren des lyrischen Ich reflektieren manches dieser Gegebenheiten; gedichtet stehen sie aber in unlösbarem Zusammenhang mit dem Schaffen, und seelische Kräfte (Wünsche, Gebete) werden aufgeboten, damit dieses sich verwirkliche. Schaffensbedingungen und Schaffensprozess sind der Gegenstand dieser Dichtung.

Es ist herausgestellt worden, dass der Zustand der Spannung das Grund-Bauprinzip der lyrischen Sonette ist, thematisch sowohl wie formal. Anders als z.B. bei Gryphius besteht diese Spannung aber nicht zwischen dem Diesseits und dem Jenseits, die einander verneinen, sondern die Quellen der Spannung liegen im Diesseits selbst. Sie stehen in Zusammenhang mit dem sehnlichen Verlangen zu schaffen und den widrigen Umständen (welcher Natur auch immer), die das Schaffen zu vereiteln oder zu erschweren scheinen. Die Lösung liegt immer im Werk selbst; im Sprachprozess wird die Dissonanz gezeigt, verarbeitet, fruchtbar gemacht und damit aufgehoben.

Spannungen ergeben sich auch aus der Selbstsicht des lyrischen Ich und seinem Bedürfnis, das Verständnis seiner Umwelt zu gewinnen und von dieser in rechtem Licht gesehen zu werden. Das Aussagefeld des Ich ist sein Wirkungsfeld; Rechtfertigungen (Apologie-Topoi und Ausdrücke affektierter Bescheidenheit) und Erklärungen des Stolzes oder Trotzes beweisen, wie sehr das Ich sich an einem Gegenüber

168

orientiert, wie sehr sein Sprechen dem Abstecken oder Behaupten einer Position in der Gesellschaft entspricht, an die es einerseits sich anpassen, von der es andererseits aber als aussergewöhnlich bewundert werden will.[215]

Das Ich dieser Sonette scheint die Auffassung seiner Zeit zu teilen, nach der ein Mensch ohne die Gesellschaft sich unvollständig fühlen muss und "Alleinsein" kaum als Leben gilt.[216] Es spiegelt aber dennoch eine Situation der gewünschten Einsamkeit als Freiheit von Restriktionen -was bedeutet: Freiheit zum Schaffen- und findet Genugtuung in einem Elite-Gefühl, das in dieser Dichtung im Kontrast zu anderen Dichtern dieser Zeit kein Gruppen-Elite-Bewusstsein ist.[217] Entschädigung für manches "Unglück" findet sich, wenn das Ich im Sprechen sich beweist, es gehöre zu der Zahl der wenigen Auserwählten und repräsentiere damit das Ideal der Vollkommenheit.[218]

Nur wenigen zu gefallen, ist ein Standard-Motiv des Barock.[219] In dieser Dichtung wird es dahingehend abgewandelt, dass das Ich wünscht, nur von wenigen Würdigen verstanden zu werden. Der Grund zu der Darbietung der Aussage ist das Gebot dieses Jahrhunderts, nach dem Persönliches für uninteressant gilt,[220] so dass das Werk gleichzeitig den Forderungen der literarischen Gesellschaft als auch dem Bedürfnis eines selbst-aussagenden dichterischen Ich gehorchen muss und Persönliches nur indirekt oder verschlüsselt an die Sprachoberfläche dringen kann. Da der Gegenstand der Aussage von subjektiven Motiven

---

[215] Vergl. W. Flemming: "Nicht das gemeinschaftliche Streben sucht man, sondern die Resonanz...immer braucht man ein Publikum. Willi Flemming, "Die Auffassung des Menschen im 17.Jahrhundert," DVjs (1928), S.410.

[216] Heinz Otto Burger, op. cit., S.87.

[217] s. dazu Joachim Dyck, op. cit., S.129.

[218] s. ibid., S.133.

[219] ibid., S.130.

[220] Ingrid Black/ Peter M. Daly, op. cit., S.26.

und Bedürfnissen bestimmt ist, wird das Werk notwendig von dem Widerstreit privat vs. öffentlich geprägt.

Die Dichterin bedient sich zu dem Zweck indirekter bzw. vielschichtiger Aussage meisterlich der sprachlichen Gegebenheiten ihrer Literaturepoche. Sie nutzt Paradoxe (meistens Oxymora), Antithesen, Bilder, und beutet das Vieldeutige, die Spannungen und Gegenbewegung in ihnen aus, so dass der Gehalt stets aus dem Zusammenspiel von Gegensätzlichem erwächst, wobei Gesagtes und Gemeintes in einer Schwebe bleiben. Fricke sagt über die Sprache dieser Epoche: "Die Wörter, dieser mit bewusster Technik gehandhabte Stoff des Dichters, schweben als die künstlichen Benennungen, als ein Erzeugnis des menschlichen Geistes, merkwürdig lose und beweglich über den Dingen. Sie lassen sich vertauschen, häufen, durcheinanderschütteln...Aber die Folge dieser poetischen Worttechnik ist die wachsende Tendenz zum uneigentlichen Sprechen, das etwas anderes meint, als es sagt."[221] Fricke erklärt auch, dass "durch diese metaphorische Technik nicht eine Bereicherung der Sprache..., sondern vielmehr eine Verarmung" eintrete.[222] Die Greiffenbergsche Lyrik demonstriert die positiven Möglichkeiten solcher Technik.[223] Ohne das Schweben der Bedeutungen, ohne das "uneigentliche Sprechen" wären die lyrischen Aussagen dieser Sonette nicht möglich.[224] Sie sind gerade deshalb besonders reizvoll, weil die Gedankenarbeit des Lesers als wesentlicher Beitrag zum Verständnis der Sonette gefordert wird -in weit höherem Masse, als das bei der Dichtung dieser Epoche allgemein der Fall ist-, ja, weil dieses Werk daraufhin angelegt ist, dass sich die lyrische Aussage im

---

[221] Gerhard Fricke, op.cit., S.320.

[222] S.321.

[223] S. dazu Gustav Rene Hocke, Manierismus in der Literatur (Hamburg, 1959).

[224] "Die manieristische Wortwelt, ihre schillernde, vieldeutige Aura...ihr beschwörender, absichtsvolle Dunkelheit verbreitender Lyrismus, ihre intellektuelle Lustbetontheit.." Gerd Henniger, Beispiele manieristischer Lyrik (München, 1970), S.27.

Sprach- und damit auch im Leseprozess entfaltet. Diese Technik erfüllt mehr als die barocke Forderung: "Die Wahrheit will verbildet und umkleidet seyn, verzuckert und verguldet".[225] Auch handelt es sich um mehr als "spielerisch-verrätselnde Umschreibungen".[226] Vielmehr ist es das Wesen dieser Lyrik, dass der "Geist" des Sprechers in sprachlicher Souveränität eigene Realitäten schafft und den Empfänger und dessen "Geist" mit in diese gedichtete Realität hineinzieht, in der allein das lyrische Ich sich zu offenbaren bereit ist. Freilich wird dabei des Gefühl des Empfängers nicht in Schwingungen versetzt;[227] aber das ist nicht der Wirkung des Werkes abträglich. So wie diese Dichtung vornehmlich aus dem Intellekt geschaffen wurde, so muss sie auch vom Intellekt aufgenommen werden.

Diese Dichtung wurde "Geistliche Sonnette..." benannt. Ihre lyrischen Teile aber sind nicht Predigt oder dargestellte Theologie, deren Bestimmung ausserhalb ihrer selbst läge.[228] Der Gehalt liegt im Sprachprozess, der dargestellt wird; die Aussage zielt auf die Dichtung selbst. Die Werte, die sich als für das lyrische Ich real offenbaren, sind entweder irdische (Ruhm, Anerkennung) oder Reaktionen auf irdische Unvollkommenheiten (Sehnsucht nach Friede, Dauer, Freiheit). Religiöse Dichtung könnte, ohne in ihrer lyrischen Eigenart verändert zu werden, metaphysische Gehalte ausdrücken, könnte Theologie "in Erlebbares" verwandeln und "ausgemalte Offenbarung der übersinnlichen Welt" sein.[229] Statt dessen wird eine private, individuelle Sendung zum Gegenstand gemacht, die aber in religiösen Termini und Werten sich darbietet. Wiedemann erklärt richtig: "Dichten wird

---

[225] Kaspar Stieler, zit. in Rolf Bachem, _Dichtung als verborgene Theologie_ (Diss. Bonn, 1955), S.31.

[226] Peter M. Daly, op. cit., S.128.

[227] Gerhard Fricke, op.cit., S.145.

[228] vgl. Käte Hamburger, op. cit., S.196; Rolf Bachem, op. cit., S.49.

[229] Rolf Bachem, op. cit., S.35.

(Catharina) gültiger Religionsersatz" [230] und: "Sie (begreift) ihr spiritualistisches Persönlichkeitsideal als ein dichterisches..."[231], und auch schon Cysarz erklärte: "Glaube und Kunst sind hier eines Ursprungs".[232] Es ist aber wesentlich zu sehen, dass hier nicht Gott und Himmel, sondern der Sprachprozess als Weg dahin die lyrische Aussage bestimmen. Das erklärte Ziel dieser Dichtung, das Gotteslob,[233] wird auf feste Formeln beschränkt; die Darstellung von Quellen, Ablauf und Zielen des Werkes füllt die lyrischen Aussagen. Für einen frommen Menschen wie Catharina von Greiffenberg ist schon der Akt des Dichtens Gotteslob, unabhängig vom Gegenstand der Aussage. Auch das Blühen der Bäume ist eine Verherrlichung Gottes, selbst wenn Gott nicht greifbar und direkt sichtbar dabei fungiert. Wenn die Dichtkunst dem Ich als besondere Gabe von Gott zu seiner Verherrlichung geschenkt worden ist, dann ist die Schaffensproblematik ein religiöser Gegenstand und das dichterische Aussagen gleichzeitig Gottesdienst so wie gottgewollte Selbsterfüllung. Für Catharina ist Dichten (in ihren Worten) sowohl "Pflicht" als auch "Freiheit".

In dem Sinne, dass sich in dieser Dichtung das lyrische Ich nicht so sehr um eine mystische Schau Gottes, als vielmehr um "Sprachpotenz" [234] bemüht, könnte man hier von einem Verweltlichungsprozess sprechen. Wirklich hat diese Dichtung mit der der meisten Mystiker des 17. Jahrhunderts ausser dem traditionellen mystischen Sprachgut und dem Streben nach der Vereinigung mit einem Begehrten, Höchsten, wenig

---

[230] Conrad Wiedemann, op. cit., S.98.

[231] ibid., S.99. Er erklärt dies im Zusammenhang mit der Gesellschaft, die Gottesdienst und Abendmahl verwehrt, und meint anscheinend, dass die Kunst ein Trost in solcher Lage war. Ich möchte die Wichtigkeit der Kunstausübung noch mehr betonen.

[232] Herbert Cysarz, op. cit., S.63.

[233] Der Ausdruck "Deoglori" ist hier durchgehend vermieden worden, weil Catharina mehr als Sprachausdruck darunter verstand und greifbare Taten in ihrer biographischen Realität zusammen mit ihrer Dichtung so nannte.

[234] Conrad Wiedemann, op. cit., S.100.

gemeinsam. Vietor nennt das "Grunderlebnis, das am Anfang aller mystischen Religiösität steht", einen "starken Ekel an allem, was Welt und Kultur heisst, de(n) Trieb zur Loslösung von Welt und Gesellschaft und de(n) Drang auf einen unbedingten, unendlichen Wert hin. Alles Irdische ist Fessel und Grab, von der dinglichen Welt loszukommen das Hauptbemühen. Auch was im Menschen "Welt" ist, muss verlassen werden: Affekte, Willensimpulse, Lebensenergien, soweit sie in die dingliche Sphäre gerichtet sind...Aber die Seele ist dabei passiv. Durch dieses systematische Ersterbenlassen aller Lebenstendenzen (Heiler) wird die Seele bereit...Hier ist Ruhe von allen Antinomien, in deren Spannung sich das Leben in der Welt vollzieht".[235]

Das Ich dieser Dichtung mag sich zwar von Welt und Gesellschaft behindert fühlen, aber keineswegs wünscht es, sich von ihnen loszulösen.[236] Sprechen ist ihm ein Mittel, sich zu behaupten, und es sucht diesen Beweis seiner Fähigkeit. Der unendliche Wert, um den es den Mystikern geht, ist hier ein greifbarer, ein erreichbarer: sprachliches Gestaltungsvermögen.[237] Zwar wird das "Werk" ersehnt, weil es eine Annäherung an Gott ermöglicht, aber die Sehnsucht nach dem Mittel scheint fast das Ziel zu überlagern, und das Sprechen selbst wird

---

[235] Karl Vietor, zit. in Richard Alewyn, op. cit., S.55.

[236] Es gibt gewisse Ähnlichkeiten zu Kuhlmann: "...er (gehört) weniger zu den besinnlichen Naturen, die in Abgeschiedenheit von der Welt die letzten Tiefen des Seins zu ergründen suchen, sondern zu den aktiven, reformfreudigen Schwärmern, die ihre Intuition in dem Hier und Jetzt verwirklichen wollen." Käthe Eschrich, Studien zu geistlichen Lyrik Quirin Kuhlmanns (Diss. Greifswald, 1929), S.31. Auch mit Gryphius hat Catharina Wichtiges gemeinsam "...seine Gedichte sind nicht von jener, sondern von dieser Welt." Karl Vieter, zit. in Richard Alewyn, op. cit., S.59. Slocum weist aber überzeugend auf wesentliche Unterschiede: "Die Erlösung des Menschen, die Heilsgeschichte also, steht im Zentrum seiner Dichtung. Seine Reflexionen über sich als Dichter schwinden neben denen über sich als sündigen Menschen." op. cit., S.50.

[237] "However spiritual or religious her writings were, Catharina's literary character was forged by an aesthetic that was fundamentally secular...", A.G. De Capua, German Baroque Poetry (Albany, 1973), S.115.

bereits als Teil-Erfüllung gesucht. Affekte und Willensimpulse spielen eine wesentliche Rolle im Bemühen um das Ersehnte, das tätig erstrebt wird, und Spannung statt Ruhe ist Keim und Bauelement dieser Sonette.

Es sind verschiedentlich die "ausgesprochen frühsub-jektivistischen Züge" dieser Dichtung [238] herausgestellt worden und das Neue, das solche subjektive Erlebnisdichtung, "Frucht der mys-tischen Welle des 17. Jahrhunderts", für die Geistesgeschichte bedeu-tet: "Das entbundene Individuum tut den ersten Schritt auf dem Weg zur Autonomie". [239] [240] Diese Arbeit hat zeigen wollen, dass die ersten Schritte der Catharina Regina von Greiffenberg mit Sicherheit, Selbst-bewusstsein, Kraft und Entschiedenheit und im Gefühl der Berechtigung ihres Dichterstolzes getan werden. Es sollte gezeigt werden, dass hier Dichtung vorliegt, die künstlerisches Schaffen reflektiert und in der das realisiert wird, was das Leben versagt: das Aufheben von Dissonan-zen und Widrigkeiten für die Dauer eines Sonetts.

---

[238] Conrad Wiedemann, op. cit., S.100.

[239] Karl Vietor, zit. in Richard Alewyn, op. cit., S.62.

[240] De Capua sagt: "...the trend which Catharina represents pro-jects beyond her time and heralds the advent of the personal poetic expression characteristic of Pietism." op. cit., S.108.

VII

BIBLIOGRAPHIE

I. Texte des 17. Jahrhunderts

Buchner, August. Anleitung zur Deutschen Poeterey. Wittenberg, 1665.

Greiffenberg, Catharina Regina von. Geistliche Sonnette/ Lieder und
        Gedichte/ zu Gottseeligem Zeitvertreib. Nürnberg, 1662 (im
        Besitz der Bibliothek der Universität von Californien, Berke-
        ley). Neudruck Darmstadt, 1967.

Klaj, Johann. Lobrede der Teutschen Poeterey/ Abgefasset und in
        Nürnberg   Einer   Hochansehnlich-Volkreichen   Versammlung vor-
        getragen. Nürnberg, 1645.

Möller, Alhardus. Tyrocinium Poesoes Teutonicae, Das ist: Eine Kunst-
        und grund-richtige Einleitung zur Deutschen Verss- und Reim-
        kunst. Braunschweig, o.D. (1656).

Stieler, Kaspar. Teutsche Sekretariat-Kunst. Nürnberg, 1673/74.

II. Sekundärliteratur über C.R. von Greiffenberg

Bircher, Martin. "Catharina Regina von Greiffenberg. Neue Veröffentlichungen zu Leben und Werk der Dichterin," Neue Zürcher Zeitung, Beilage Literatur und Kunst, Nr.203, 31.3.1968.

Bircher, Martin und Daly, Peter M.. "Catharina Regina von Greiffenberg und Johann Wilhelm von Stubenberg. Zur Frage der Autorschaft zweier anonymer Widmungsgedichte," Literaturwissenschaftliches Jahrbuch der Görres Gesellschaft, VII (1966), S.17-35.

Black, Ingrid/ Daly, Peter M.. Gelegenheit und Geständnis (Catharina Regina von Greiffenberg). Bern und Frankfurt/M., 1971.

Daly, Peter M.. "Die Metaphorik in den 'Sonetten' der Catharina Regina von Greiffenberg." Diss. Zürich, 1964.

ders.. "Emblematic Poetry of Occasional Meditation", German Life and Letters, 25 (1972), 126-39.

ders.. "Emblematische Strukturen in der Dichtung der Catharina Regina von Greiffenberg", Europäische Traditionen und deutscher Literaturbarock: Internationale Beiträge zum Problem von Überlieferung und Umgestaltung. Hrsg. Gerhart Hoffmeister, S.189-222. Bern, 1973.

ders.. "Vom privaten Gelegenheitsgedicht zur öffentlichen Andachtsbetrachtung (zu Catharina Regina von Greiffenbergs 'Trauer Liedlein')", Euphorion, 66 (1972) 308-14.

Fässler, Vereni. Hell-Dunkel in der barocken Dichtung - Studium zum Hell-Dunkel bei Johann Klaj, Andreas Gryphius und Catharina Regina von Greiffenberg. Bern, 1971.

Frank, Horst-Joachim. Catharina Regina von Greiffenberg. Leben und Welt der barocken Dichterin. Göttingen, 1967.

ders.."Catharina Regina von Greiffenberg. Untersuchungen zu ihrer Persönlichkeit und Sonettdichtung." Diss. Hamburg, 1958.

Gersch, Hubert. Catharina Regina von Greiffenberg. Gedichte. Ausgewählt und mit einem Nachwort hrsg..Berlin, 1964.

Herzog, Urs. "Literatur in Isolation und Einsamkeit. Catharina Regina von Greiffenberg und ihr literarischer Freundeskreis," DVjs (1972), S.515-46.

Kimmich, Flora Graham. "Methods of Composition in Greiffenberg's Sonnets." Diss. Yale, 1969.

dies.. Sonnets of Catharina von Greiffenberg. Methods of Composition. Chapel Hill, 1975.

Liwerski, Ruth. "Das Wörterwerk der Catharina Regina von Greiffenberg. Bern, Frankfurt am Main, Las Vegas, 1978.

Schürk, Ingrid. "'Sey dennoch unverzagt'. Zwei barocke Sonette von der Bewältigung des Schicksal..," Richard Alewyn et al. Aus der Welt des Barock. (Stuttgart, 1957).

Slocum, Malve Kristin. "Untersuchungen zu Lob und Spiel in den Sonetten der Catharina Regina von Greiffenberg." Diss. Cornell, 1971.

Sullivan, John H.. "The German Religious Sonnet of the Seventeenth Century." Diss. Berkeley, 1966.

Uhde Bernays, Hermann. Catharina Regina von Greiffenberg. Ein Beitrag zur Geschichte des deutschen Lebens und Dichtens im 17. Jahrhundert. Diss. Berlin, 1903.

Villiger, Leo. Catharina Regina von Greiffenberg. Zu Sprache und Welt der barocken Dichterin. Zürich, 1952.

Wehrli, Max. "Catharina Regina von Greiffenberg," Schweizerische Monatshefte, XLV (September 1965), S.577-82.

Wiedemann, Conrad. "Engel, Geist und Feuer. Zum Dichterselbstverständnis bei Johann Klaj, Catharina von Greiffenberg und Quirinus Kuhlmann". In Literatur und Geistesgeschichte. Festgabe für Heinz Burger. Hrsg. von Reinhold Grimm und Conrad Wiedemann. Berlin, 1968, S.85-109.

III. Weitere Sekundärliteratur

Alewyn, Richard, et.al. Aus der Welt des Barock. Stuttgart, 1957.

Alewyn, Richard. S. auch unter Deutsche Barockforschung.

Bachem, Rolf. Dichtung als verborgene Theologie. Ein dichtungstheore-
    tischer Topos vom Barock bis zur Goethezeit und seine Vorbilder.
    Diss. Bonn, 1955.

Barner, Wilfried. Barockrhetorik. Untersuchungen zu ihren geschichtli-
    chen Grundlagen. Tübingen, 1970.

Beckmann, Adelheid. Motive und Formen der deutschen Lyrik des 17.
    Jahrhunderts. Tübingen, 1960.

Benn, Gottfried. Ein Briefwechsel zwischen Alexander Lernet-Holenia
    und Gottfried Benn. 1953.

Bircher Martin. Johann Wilhelm von Stubenberg (1619-1663) und sein
    Freundeskreis. Studien zur österreichischen Barockliteratur pro-
    testantischer Edelleute. Berlin, 1968.

Burckhardt, Jacob. Die Kultur der Renaissance in Italien. Stuttgart,
    1958.

Burger, Heinz Otto. Dasein heisst eine Rolle spielen. Studien zur
    deutschen Literaturgeschichte. München, 1963.

Closs, A.. The Genius of the German Lyric. London, 1938.

Conrady, Karl Otto. Lateinische Dichtungstradition und deutsche Lyrik
    des 17. Jahrhunderts. Bonn, 1962.

Curtius, Ernst Robert. Europäische Literatur und lateinisches Mit-
    telalter. Bern/München, 1967.

Cysarz, Herbert. Deutsches Barock in der Lyrik. Leipzig. 1936.

De Capua, A.G.. German Baroque Poetry. Albany, 1973.

Deutsche Barockforschung. Dokumentation einer Epoche. Hrsg. von
    Richard Alewyn. Köln und Berlin, 1965.

Dyck, Joachim. Ticht-Kunst. Deutsche Barockpoetik und rhetorische
    Tradition. Bad Homburg v.d.H., Berlin, Zürich, 1966.

Erb, Therese. Die Pointe in der Dichtung von Barock und Aufklärung.
    Diss. Bonn, 1929.

Eschrich, Käthe. Studien zur geistlichen Lyrik Quirin Kuhlmanns. Diss.
    Greifswald, 1929.

Fischer, Ludwig. Gebundene Rede; Dichtung und Rhetorik in der literarischen Theorie des Barock in Deutschland. Tübingen, 1968.

Flemming, Willi. "Die Auffassung des Menschen im 17. Jahrhundert", DVjs (1928), S.403-446.

Fricke, Gerhard. Die Bildlichkeit in der Dichtung des Andreas Gryphius. Materialien und Studien zum Formproblem des deutschen Literaturbarock. Berlin, 1933.

Friedrich, Hugo. Epochen der italienischen Lyrik. Frankfurt/M., 1964.

Goedecke, Karl. Grundriss zur Geschichte der deutschen Dichtung. Dresden 1887.

Hamburger, Käte. Die Logik der Dichtung. Stuttgart, 1968.

Hankamer, Paul. Deutsche Gegenreformation und deutsches Barock. Stuttgart, 1964.

Hocke, Gustav Rene. Die Welt als Labyrinth. Manier und Manie in der europäischen Kunst. Hamburg, 1957.

ders.. Manierismus in der Literatur. Sprach-Alchemie und Esoterische Kombinationskunst. Hamburg, 1959.

Hübscher, Arthur. "Barock als Gestaltung antithetischen Lebensgefühls. Grundlegung einer Phaseologie der Geistesgeschichte," Euphorion (1922), S.517-562.

Kayser, Wolfgang. Das sprachliche Kunstwerk. Bern 1960.

Kommerell, Max. Gedanken über Gedichte. Frankfurt, 1943.

Lausberg, H.. Handbuch der literarischen Rhetorik, 2 Bd..München, 1960.

Lüers, Grete. Die Sprache der deutschen Mystik des Mittelalters im Werk der Mechthild von Magdeburg. München, 1926.

Mönch, Walter. Das Sonett. Gestalt und Geschichte. Heidelberg, 1955.

Müller, Günther. "Höfische Kultur der Barockzeit," Höfische Kultur (DVjs Buchreihe, 17). Halle, 1929.

Müller-Seidel, Walter. Probleme der literarischen Wertung. Über die Wissenschaftlichkeit eines unwissenschaftlichen Themas. Stuttgart, 1965.

Newald, Richard. Die deutsche Literatur vom Späthumanismus zur Empfindsamkeit. In: Geschichte der deutschen Literatur. Hrsg. von Helmut de Boor und Richard Newald. München, 1951.

Oppel, Arnold. Das Hohelied Salomonis und die deutsche religiöse Liebeslyrik. Diss. Freiburg/Brsg., 1911.

Salzer, Anselm. Illustrierte Geschichte der deutschen Literatur. München, o. D..

Scherer, Wilhelm. Poetik. Berlin, 1888.

Schöne, Albrecht. Emblematik und Drama im Zeitalter des Barock. München, 1964.

Schneider, Georg. Die Schlüsselliteratur, 3Bde. Stuttgart, 1951.

Segel, Harold B. The Baroque Poem. New York, 1974.

Sengle, Friedrich. Die literarische Formenlehre. Vorschläge zu ihrer Reform. Stuttgart, 1967.

Spahr, Blake Lee. "Baroque and Mannerism: Epoch and Style," Colloquia Germanica (1967), S.78-100.

ders.."Gryphius and the Crisis of Identity," German Life and Letters, XXII (July 1969), S.358-364.

ders..The Archives of the Pegnesischer Blumenorden: A Survey and Reference Guide. Berkeley, 1960.

Staiger, Emil. Grundbegriffe der Poetik. Zürich, 1946.

Strich, Fritz. Abhandlungen zur deutschen Literaturgeschichte. München, 1916.

Van Ingen, F.. Vanitas und Memento mori in der deutschen Barocklyrik. Gronigen, 1966.

Vietor, Karl. Probleme der deutschen Barockliteratur. Leipzig, 1928.

Walzel, Oskar. Gehalt und Gestalt im Kunstwerk des Dichters, in Hb.d. Literaturwissenschaft. Berlin, 1923.

Wellek, Rene und Warren, Austin. Theory of Literature. Rev. Ausg., New York, 1965.

Welti, Heinrich. Geschichte des Sonetts in der deutschen Dichtung. Leipzig, 1884.

Wolfskehl, Marie-Luise. "Die Jesusminne in der Lyrik des deutschen Barock," Giessener Beiträge zur deutschen Philogie, 34 (1934).